Angustia de muerte en Unidades de Cuidados Intensivos

Un abordaje psicoanalítico

Sandra Aidé Sánchez Palacios

Sandra Aidé Sánchez Palacios
México: Editores y Viceversa, 2021.
p.172; 11.5 x 17 cm

ISBN: 978-607-99062-8-3

2. Ensayo psicoanalítico

2021 Sandra Aidé Sánchez Palacios
Angustia de muerte en Unidades de Cuidados Intensivos. Un abordaje psicoanalítico
Primera edición— Ciudad de México
Editores y Viceversa; Sociedad Mexicana de Psicoanálisis (SMP)

ISBN: 978-607-99062-8-3

direcciongeneral@editoresyviceversa.com

***

Dedico esta obra especialmente a Mary, por ser fuente de admiración y haberme dejado la energía necesaria para culminar este trabajo. Hasta siempre.

A Víctor Sánchez, por ser el corazón zurdo introyectado en mis pasos.

A Celia Palacios, por ser esa mano protectora que siempre me brinda amor y sabiduría.

A Guillermo Palacios, tan admirablemente necio hasta el final.

A Adriana Zárate, la luz y la fuerza que toda amiga necesita para avanzar.

A Octavio Flores, la mano amable que se asoma en la bata blanca, más así.

Y a cada uno de quienes me brindaron la posibilidad de tener su testimonio, en tan delicada situación. Les agradezco y honro. Anhelando que sea cada caso una muestra contundente para generar diálogo abierto y frontal entre las diversas ciencias que buscan el bienestar de la integridad humana.

ÍNDICE

Sandra Aidé Sánchez Palacios es licenciada en Psicología por la Universidad del Claustro de Sor Juana (UCSJ), maestra en Psicología de la Educación con la perspectiva psicoanalítica por el Instituto Michoacano de Ciencias de la Educación y doctora por el Instituto de Estudios de Posgrado en Psicoanálisis y Psicoterapia.

Maestrante de Filosofía de la Cultura, en la Facultad de Filosofía y Letras (UNAM).

Es profesora de asignatura tanto del sistema presencial, como dentro del SUAyED (sistema de educación a distancia) en la Facultad de Ciencias Políticas y Sociales de la UNAM. Docente de licenciatura en Psicología, maestría en Estudios Psicoanalíticos y responsable académica del Seminario: Teoría Crítica. Malestares Sociales Contemporáneos y Resistencia, de la Universidad del Claustro de Sor Juana.

Cuenta con los siguientes diplomados: Psicoterapia psicoanalítica a distancia y presencial (Sociedad de Psicoanálisis y Psicoterapia), Tanatología (Instituto Mexicano de Tanatología), Diplomado de Cuadros Clínicos (Sociedad de Psicoanálisis y Psicoterapia), Psicoterapia de Juego CEPE, Filosofía y Psicoanálisis (UNAM), Ética Política en el mundo contemporáneo Siglo XXI (UNAM) y Derechos Humanos y laborales (Academia de derechos humanos).

Desde el año 2010 se dedica a la práctica en acompañamiento psicoterapéutico con un enfoque psicoanalítico, tanto en la consulta privada como colaborando en la Asociación de Estudios Transdisciplinarios A.C. Psique y Cultura.

Presentación

A lo largo del 2020, debido a la pandemia provocada por el virus SARS-COV-2[1], causante de la enfermedad COVID-19[2], la gente se ha visto afectada emocionalmente de diversas e intensas maneras, dando pie, desde las formas más "silvestres" hasta las más profesionales, a dar cuenta de la necesidad de enfatizar el vínculo entre los sectores de la salud, desde lo cuantificable en términos biológicos y hasta lo cualitativo en términos emocionales.

Bajo este contexto fue como se tomó la decisión de darle al presente trabajo un formato de libro, e insistir

1 SARS-CoV-2 es un virus de la misma familia que el del síndrome respiratorio agudo severo, pero no es el mismo virus. El SARS es más letal pero mucho menos infeccioso que el nuevo coronavirus, causante de COVID-19. https://www.gob.mx/salud/documentos/covid-19-preguntas-frecuentes?state=published

2 Los coronavirus son una familia de virus que causan enfermedades (desde el resfriado común hasta enfermedades respiratorias más graves) y circulan entre humanos y animales.
En este caso, se trata del SARS-COV2. Apareció en China en diciembre pasado y provoca una enfermedad llamada COVID-19, que se extendió por el mundo y fue declarada pandemia global por la Organización Mundial de la Salud. https://coronavirus.gob.mx/covid-19/

en la emergencia de su publicación —de inicio fue un trabajo netamente académico—, pues se sumaron las siguientes experiencias.

Sucedió con mi paciente Angélica Navarro, quien, al estar programada para una intervención quirúrgica delicada, pero ampliamente conocida por el sector médico, me llamó de manera abrupta y en estado de angustia. Con un lenguaje atropellado y alterado, me narró el trato grotesco que recibió por parte del personal médico que la estaba atendiendo, para que ella tomara la decisión de ser ingresada a cirugía; expresiones como: "¿Quieres cagar por la vagina?", la llevaron a un cuadro inevitable de angustia.

Tener los conocimientos que obtuve en la presente investigación ayudaron a que ella pudiera tomar una decisión sin tener que lidiar con las nulas herramientas emocionales por parte de ese personal médico.

Aparte, en julio del 2020, Joaquín García inició un proceso terapéutico conmigo; se trata de un médico encargado de dar atención en uno de los Módulos de Atención Respiratoria para detección oportuna de COVID-19; sus relatos de la situación emocional crítica que atravesaban tanto él como diversos colegas, y la impotencia que sentían al momento de tener que lidiar con sus preocupaciones, angustias y la de sus pacientes —o bien, la de los familiares que tuvieron la penosa pérdida de alguien, el internarlos en las UCI especiales para atención COVID, donde las visitas se cancelaron totalmente y los informes se llegaron a dar una vez al día—, generaron en mi paciente diversas e incontables situaciones de angustia. La plantilla médica inevitablemente fue en exceso rebasada.

Finalmente, una amiga entrañable internada de manera súbita en la UCI de las carpas provisionales para atención a pacientes COVID, me permitió brindar un muy somero apoyo a distancia a su hermana y a su mamá.

Ante esto, más todos los casos conocidos de manera informal o formal, resultaron una parte fundamental al saber los alcances que puede tener el conocimiento tanto de la angustia como de las situaciones que se viven en una situación crítica hospitalaria en general; aunque, como bien mencionó Joaquín, las UCI son "un mundo aparte."

Introducción

Las Unidades de Cuidados Intensivos surgieron como parte de una estrategia bélica en 1799, por parte de los egipcios (Quijano, F., y Quijano, F. 1991); de esta manera, los heridos de suma gravedad por el combate eran atendidos en dichos espacios, logrando así reducir la mortalidad de los combatientes; esta práctica fue continuada por Napoleón. Hasta 1922 se instaló el primer centro de atención para los que habían salido de una operación hospitalaria. En 1951 en Boston, EUA, se creó la primera Unidad de Cuidados Intensivos (UCI), con los materiales modernos del momento y organizada de tal modo que sirviera de apoyo a pacientes delicados.

En México, la primera UCI se fundó para pacientes operados de corazón en el Instituto Nacional de Cardiología, en el año de 1954. Posteriormente, el Hospital La Raza del Instituto Mexicano del Seguro Social (IMSS) implementó una UCI para enfermos cardioquirúrgicos.

En 1962, el Hospital General abre su UCI para enfermedades diversas, ya no solo para enfermedades específicas. Y será hasta 1970 que las UCI empiezan a multiplicarse en diversos lugares de la capital de México, así como en diversas ciudades en el interior de la República Mexicana.

ψ *Situación de ingreso a UCI*

La dinámica del paciente interno en UCI es concreta: se compromete su vida o curación (ambas inciertas) y esto es detectado de diversas maneras. Pero el ingreso a los cuidados médicos intensivos se da de manera súbita por lo regular; la otra situación será cuando por cuestiones postoperatorias sea necesario asignar un espacio en las UCI. Los lineamientos de las UCI son realizados tanto por las consignas internacionales y las características regionales de cada zona.

Omar es un paciente diabético, tiene 68 años; por dolores fuertes en las piernas que le impedían caminar fue programado para ingresar a su hospital público. Ahí, se le realizó una operación quirúrgica; se le instaló un tubo que va del corazón a las piernas. Para poder realizar dicha intervención, fue necesario retirar los intestinos y los órganos que están a la altura del abdomen. Concluida la intervención y dado que fue una cirugía delicada, fue también programado su ingreso a las Unidades de Cuidados Intensivos para permanecer de 48 a 72 horas; de las cuales solo permaneció alrededor de 24 horas.

Sus hijos, *Gabriela*, mujer de casi 45 años, y *Pablo*, de 40, permanecieron atentos y por momentos alterados; tuvieron que reacomodar sus actividades. En todo el proceso hospitalario estuvieron acompañados por varios compañeros tanto de trabajo como de la militancia política de *Omar*. El ingreso a las UCI no se vivió como un cambio brusco; puesto que este fue programado con un sentido preventivo pues la operación era delicada y el ingreso a la UCI era parte de un protocolo de cuidados.

Gabriela y *Pedro* dejaron al cuidado a los conocidos de *Omar* en breves momentos; pese a que las indicaciones de las UCI marcan que deben estar solo 2 familiares directos las 24 horas.

Omar salió y fue dado de alta del hospital a los dos días de haber salido de la UCI. Como puede notarse, el proceso fue en términos generales controlado sin excesiva angustia, sin sorpresas extrañas o graves.

En México, los hospitales se clasifican respecto a las instituciones de salud en: Secretaría de Salud (SSA), Instituto Mexicano del Seguro Social (IMSS) Oportunidades, Instituto de Seguridad y Servicios Sociales de los Trabajadores del Estado (ISSSTE) para trabajadores del gobierno, Unidades Médicas del Sistema Nacional para el Desarrollo Integral de la Familia (SNDIF); otro tipo de instituciones y programas de salud pública o seguridad social, instituciones de salud privadas, instituciones privadas de beneficencia, otro tipo de instituciones de salud privadas, aseguradoras, bancos y otras instituciones de prepago de servicios médicos, instituciones de salud de Estados Unidos y otros países, descripciones para no derechohabiencia, institución de derechohabiencia no especificada, condición de derechohabiencia no especificada. (INEGI, 2004).

En dicha gama de clasificación existen las UCI, aunque no necesariamente en todos los hospitales que están dentro de esta diversidad; lo relevante de ello es que actualmente casi cualquier ciudadano que requiera atención en una UCI puede ser ingresado a ella.

El personal médico implicado de manera directa debe mantener, entre otros aspectos: un código ético de trabajo, compromiso elevado profesional, un conocimiento especializado importante (elevado) para poder atender al paciente y una *distancia emocional* considerable con el paciente y los familiares, responsables legales o tutores. Habrá que considerar que las UCI no surgen con un interés humanista por la vida del paciente; sino como un espacio frío y utilitario. Posteriormente, la investigación ha dado pie a priorizar la parte orgánica y biológica de cada paciente; mismo que se verá reflejado en su ingreso.

Una vez hospitalizado el paciente en la UCI, la situación para este se modifica de manera radical. Generalmente las restricciones de convivencia son severas y rígidas. El sujeto inicia un proceso de "deshumanización" por parte del personal profesional especializado que lo atiende, sean: médicos generales, especialistas o enfermeros(as) (estos últimos en ocasiones en menor grado); Bleichmar (2010) afirma "...El origen de la humanización implica dos cosas; por un lado, sexualidad y placer y, por otra parte, apertura hacia la angustia. La angustia es, justamente la emergencia de lo no simbolizable" (p. 48). Se entiende que la misma formación médica implica una necesidad de ver al objeto de estudio desde su biologización; pero ahora podemos comprender que es complicado (no sabemos si será siempre así; por ello, nos abstenemos de proponer una categoría más radical, como pensar que será *siempre* imposible humanizar a los médicos) exigir que vivan al paciente o la familia como seres libidinizados, o bien, que sean invadidos por su propia angustia.

Adicional a ello, y dependiendo de las posibilidades del hospital, el ambiente físico deberá priorizar la situación de asepsia del cuarto donde está el enfermo y la sala de espera para los familiares (representantes legales o tutores), aunque pasa a un segundo plano en el mejor de los casos, o bien, este es ignorado; principalmente por ausencia de recursos económicos asignados.

A partir de ese momento, el paciente es aislado de sus familiares[3] e inicia un proceso de invasión severa, en

3 A partir de este momento, me referiré a los: familiares, representantes legales o tutores del paciente como "familiar", aludiendo al término literal de la palabra, del que no le es ajeno, o

ocasiones la reacción del paciente puede ser de temor, miedo o angustia en caso de permanecer conciente[4], aunque es común que en ese espacio se les induzca a la pérdida de conciencia y la ausencia o disminución de sensibilidad, dado que suelen estar anestesiados.

Es por ello que parte del protocolo internacional para con el familiar que estará a cargo de la salud del paciente internado en la UCI se vuelve fundamental; habiendo tres factores generalizados que los hospitales exigen: guardias de 24 horas, visitas y permanencia en la sala de espera solo de los familiares directos o los cuidadores primarios, donde solo pueden quedarse 2 personas o incluso una; visitas de los mismos, o en algunos hospitales sí permiten el acceso libre de las visitas, pero en un horario en exceso restringido; esto es, suelen ser visitas de no más de 2 horas con el paciente por turnos que se dividen en dos tiempos, uno por la mañana y otro por la tarde.

Ante tal exigencia, en este estudio cobrará mayor interés la gente que estará a cargo de los cuidados y necesidades externas al área específicamente médica: los familiares y amigos del paciente (cuidadores primarios).

---

que le es muy conocido.

4 Se hablará de "conciencia" cuando hagamos referencia a un estado cognitivo y de comportamiento, será "consciencia" cuando nos refiramos a aspectos vinculados con la teoría psicoanalítica.

Estos tendrán que vivir un reajuste importante en sus vidas, de manera crítica y emergente; las actividades personales se tendrán que reajustar para estar al pendiente del paciente internado.

Los familiares o amigos del paciente deben permanecer en estado de alerta y emergencia, tanto por necesidades básicas del paciente que el médico pueda solicitar, como: material de aseo para el paciente, medicamento que el hospital no localice, o bien, para dar informes de cambios inesperados y bruscos del paciente, donde el familiar debe ser enterado sobre el incremento de la peligrosidad en órganos o funciones comprometidas con la vida y, ante ello, dar y responsabilizarse de determinadas autorizaciones sean de índole quirúrgico, o intervenciones extremadamente invasivas.

El paciente, por su parte, empieza a presentar un aspecto físico que impacta mucho al familiar o a él mismo, en caso de seguir conciente; Freud (1996) en *Inhibición, Síntoma y Angustia* [1926 (25)] menciona: "la angustia no se limite a ser una señal de afecto, sino que sea también producida como algo nuevo a partir de condiciones económicas de la situación" (p. 123).

Ante todo esto, se puede hablar de que hay una hiperestimulación crítica y lo que se avecina es *la posibilidad* real de la muerte de un familiar, pero, paradójicamente, incierta. La situación legal de los agentes involucrados por parte del hospital siempre debe ser en apego al reglamento vigente y, dada, la situación tan crítica que vive el paciente, los informes médicos para con los familiares siempre deben ser cautelosos. En ese espacio, si bien el paciente está siendo invadido para lograr combatir la patología causante del desencadenamiento de compromisos orgánicos que están poniendo en riesgo su vida, no tienen manera de dar certezas al familiar, pero deben estar claros de que la posibilidad mortal es un riesgo altamente probable. Ante ello, consideramos pertinente mencionar que ahí se ha efectuado una *angustia de muerte,* como lo menciona Freud (1996):

> … en lo inconciente no hay nada que pueda dar contenido a nuestro concepto de la aniquilación de la vida. […] Por eso me atengo a la conjetura de que la angustia de muerte debe concebirse como un análogo de la angustia de castración, y que la situación frente a la cual el yo reacciona es la de ser abandonado por el superyó protector –los poderes del destino–, con lo que expiraría ese su seguro para todos los peligros. (p. 123).

Dicha situación hará que el familiar se enfrente a una situación no solo nueva, sino que lo pondrán a trabajar de manera integral, intensiva y crítica con una exigencia social, en términos psicoanalíticos, con un *superyó moral* excesivamente severo, es decir, con las exigencias del hospital y sus agentes (médicos, enfermeras y en ocasiones vigilantes), mismos que podrían incrementar dicha angustia.

Ψ *Situación vivencial del familiar del paciente en UCI*

Primer acercamiento a la sala de UCI

La llegada a la sala de espera de Terapia Intensiva (TI) tiene sus peculiaridades: el ingreso es constante y suele ser incompatible con los horarios de informe médico; dado que estos son dados en dos turnos al día, la espera puede ser de 12 horas o más por parte de los familiares. Dependen del azar, o bien, de la gente que está ya en dicho espacio y su capacidad de adaptarse a tal situación, donde no sabe qué está pasando con su familiar. La situación de angustia y temor ante el evento de muerte se agrava de manera abrupta y constante.

Primer informe médico

El primer informe por parte del médico suele ser una experiencia sumamente delicada; si el pariente tenía ya una experiencia previa sobre la peculiaridad de dicho espacio, pudiera modificar este momento tan impactante; de lo contrario, es el momento concreto donde el familiar será notificado de la gravedad mortal del paciente y sus escasas posibilidades de recuperación.

Ψ *Indicaciones claras por parte del hospital (escritas o verbales) sobre el funcionamiento de la sala de UCI*

La sala de espera se vuelve un espacio por demás vital para los familiares. Inicia un proceso de adaptación y de precariedad en los objetos de insumo, desde los espacios donde se pueda esperar (sillas, sillones, piso, escaleras, etc.).

A lo largo de la estancia en la UCI hay momentos en donde el familiar debe salir, sea por necesidad de cambiar el turno de vigilancia, acudir por alimentos, o bien, para cubrir necesidades fisiológicas frente a la angustia constante de que puedan salir a dar alguna notificación médica. Suele ser excesivamente complicado solicitar al personal que salga a dar indicaciones o informes, sobre todo si se trata de una alteración que no conlleve la necesaria autorización legal por parte de los familiares.

También ocurre que hay retrasos en el informe médico, mismos que pueden ser ocasionados por varios aspectos, el más importante que consideraremos es: la asistencia emergente por parte de los médicos para tratar a algún paciente interno y que dicha situación retrase el horario de visita.

Descripción de un caso personal de angustia de muerte

21 de diciembre de 2014

Mi padre se interna en un hospital privado de la colonia Roma en la Ciudad de México (ahora CDMX). Él ingresó de manera voluntaria, pues su médico tratante (angiólogo) consideró prudente intervenirlo de una herida por demás dolorosa que tenía en la pierna, entre otras dolencias. Mi padre, sin ser diabético, tiene una herida que no termina por cerrar en la pantorrilla izquierda, esto es desde diciembre del 2012.

Se programó para diciembre, por ser un periodo vacacional "grande", y con ello se pudiera aplicar un sistema de compresión llamado Vac. Asimismo, era ideal la fecha para poder cuidarlo; principalmente entre mi madre y yo. Mi abuela paterna[5] y mi hermana, así como mis sobrinos, iban a poder ir a visitarlo.

Se usó el seguro de Gastos Médicos Mayores que proporciona la Universidad Nacional Autónoma de México (UNAM), además del ISSSTE, pues él es Investigador de Tiempo Completo de la Facultad de Ciencias Políticas y Sociales (FCPyS) de Ciudad Universitaria (CU). Mi papá es sociólogo.

El plan parecía funcionar, aunque los dolores del Vac. resultaban intolerables para mi papá. El tiempo se iba prolongando, pues el uso del Vac. lo soportaba por periodos menores a las expectativas del médico tratante.

Como era el plan inicial, ocasionalmente acudía mi abuelita a visitarlo, mi hermana, e incluso mi novio; mi madre y yo estábamos encargadas de los cuidados fijos y constantes. Los días transcurrieron sin percances y con las atenciones rutinarias necesarias, bajo las condiciones de tener que estar cuidándolo hospitalizado; un tratamiento casi superficial, revisándole la presión y acercándole el pato para orinar cuando era necesario, sin mayores riesgos. El área en donde era atendido comúnmente se conoce con el nombre de: *en piso*.

5 Solo se hará referencia a mi abuela paterna, es decir, a su mamá.

Los dolores se agudizaban y los medicamentos contra el dolor (morfina) iban aumentando.

Fuera de eso, no había mayores contratiempos. Mi mamá y yo nos alternábamos las noches para cuidarlo y hacer las guardias.

La guardia de la noche para el 27 de diciembre la realicé yo, en ese momento mi papá me pidió que le acercara rápido el "pato", y recuerdo que no logró contenerse y nos "salpicó".

28 de diciembre

En la Ciudad de México los últimos domingos de cada mes se realizan los *Paseos en Bici*, recorrido que se hace en el circuito interior de la CDMX. Yo acudí con mi primo materno y una amiga que vino de paseo desde Morelia. Justo cuando estaba por iniciar el paseo, mi mamá me avisó por mensaje de WhatsApp[6] que acababan de ingresar a mi papá a Terapia Intensiva. Dijo que no me preocupara, pero que no sabían si iban a tardar en regresarlo *a piso*.

6 Mensajería instantánea, dentro de las redes sociales cibernéticas y es una de las más usadas desde 2015 a la fecha en México y, específicamente, en la Ciudad de México.

Es importante hacer notar la ausencia de claridad en lo que estaba ya sucediendo, pues se evidencia ya una falla del sistema hospitalario. También existieron implicaciones quizá del proceso inconsciente de protección psíquica; es importante mencionarlo en este sentido ya que actualmente mi mamá lo tiene negado, desalojado de la conciencia. Existieron muchos informes médicos, en especial aquellos donde nos enfatizaron que mi padre *podía morir*, o donde acentuaban su gravedad, el compromiso de los órganos y lo delicado de la situación.

Freud es muy claro ante este proceso, la información suele inhibirse ante un objeto amenazante.

Cabe resaltar asimismo que es fundamental que "alguien" haga notar la importancia de lo que está por suceder.

Pretendía quedarme en el *Paseo en Bici*, pero no soporté la distancia física y regresé al hospital. Encontré a mi mamá en el cuarto[7] y nos quedamos platicando aún sobre cuestiones familiares e incluso discutiendo temas privados; es decir, totalmente inocentes e ignorantes del anuncio de que mi papá había ya ingresado a Terapia Intensiva.

Mi mamá me explicó que mi padre se había puesto mal, con delirios verbales y que algo habían notado en la

7 Piso del hospital.

orina, pero sin importancia.

Nos llamaron al teléfono del cuarto “de piso” y en ese momento iniciaron las exigencias del hospital. A partir de ahí, estas solo iban en incremento. Había que desalojar el cuarto, pues mi papá estaba ya instalado en Terapia Intensiva[8].

La llegada a la sala de esta área fue laboriosa; el hospital parecía un laberinto y al llegar todo era en exceso extraño.

Era cerca del mediodía y nadie nos atendía. En ese espacio no cabía casi nada de todas las cosas que teníamos, entre ellas la silla de ruedas de mi papá. Había unas sillas de madera que estaban cerca de la puerta de cristal que decía TI, al lado estaba una especie de “cubo”, una sala como de casa, un sillón para 3 personas, otro para 2 y el individual. Al fondo, un mueble que servía para acomodar las cosas de los familiares que debíamos permanecer ahí. En realidad, ese era el espacio asignado para Terapia Intermedia (TA).

Nos dieron un “panfleto” que debíamos leer, ahí venían todas las indicaciones de aquello a lo que teníamos derecho y nuestras obligaciones. Yo no lo leí con exactitud, aunque en realidad las indicaciones de operatividad fáctica no estaban escritas ahí. Excepto

8 Mientras mi papá estuvo internado, jamás me enteré de que eso era denominado Unidades de Cuidados Intensivos.

que teníamos que permanecer ahí las 24 horas del día, que solo podíamos quedarnos 2 familiares y no podíamos ingresar alimentos.[9]

Había también un garrafón. Los baños estaban bastante lejos de nuestro espacio. Había que bajar las escaleras, atravesar un largo pasillo y, después, caminar por la recepción y la sala de ingreso al hospital.

Llegó la tarde y nos dieron los primeros informes.

Una voz seca nos dijo: ¡Familiares de *Leonardo Sánchez*!

Entramos en esa ocasión mi hermana, mi mamá y yo. La médica encargada nos recibió en un espacio pequeño, parecía un privado; al menos estaba aislado del resto de los familiares. Cerró una puerta de cristal que daba a la sala de espera, y ya estaba cerrada la puerta que permitía el ingreso a los cuartos de Terapia Intensiva.

Ahí nos dijo que mi papá estaba anestesiado, "dormido"; que estaba demasiado delicado porque tenía un *choque*

---

9 La vigilia de las 24 horas siempre se cumplió, sin embargo, había quienes por la cantidad de días y la ausencia de apoyo no lograban quedarse las 24 horas de fijo; por ejemplo, cuando tenían que salir a comer.
Algunas veces había más de 2 familiares en la sala; ocasionalmente ese espacio parecía una fiesta, situación que molestaba mucho a mi mamá. Y todos llegamos a comer ahí varias veces.
Por eso menciono que la información protocolaria del panfleto, de facto, o para la práctica, no servía realmente.

séptico, que podía morir porque no estaba funcionando bien su corazón; tenía muy alterado el funcionamiento del sistema simpático, que su pulmón no estaba funcionando, y que no lograban identificar lo que había ocasionado la infección.

Me empecé a marear descontroladamente. Me saqué el zapato porque sentía que me iba a desmayar, puse el pie directamente en el piso frío e intenté asirme en algo igualmente frío con la mano; encontré la tapa metálica del cesto de basura, me prendí de ella.

Le hacíamos preguntas, pero aún ni ella sabía lo que pasaba; nos mencionó que tenían sospechas de que era una infección, pero no encontraban dónde. Dijo que se le habían mandado a hacer estudios patógenos de cultivos.

Nos informó que teníamos 30 minutos para poder verlo. Nos pusimos de acuerdo en quién iba a entrar primero. La imagen fue aterradora, jamás había visto a mi papá así. El espacio estaba saturado de aparatos, los sonidos me causaban demasiado temor, no lograba comprender nada, pero me impactó demasiado, estaba desequilibrada, muy asustada.

A partir de ese momento, nuevamente, estuvimos al tanto mi mamá y yo; al inicio nos quedamos juntas, no queríamos separarnos de mi papá; mi hermana iba a las visitas y estaba al tanto vía la telefonía móvil (llamadas y mensajes).

Esa primera noche falleció un paciente, una mujer ya mayor que era *una abuelita*, al parecer muy querida. Fuera del horario de visitas, a alta hora de la noche, avisaron a los familiares que podrían ingresar el tiempo que quisieran para despedirse, se rompió todo el protocolo de atención e ingresaron incluso menores de edad. Fue una situación muy complicada de asumir, porque lloraban mucho, pero llegaron con mucha comida; eso daba la sensación de estar entre un festejo y un velorio. El espacio terminó muy sucio. Mi mamá estaba muy molesta.

Al otro día, la situación fue diferente, un paciente salió de TI para ser ingresado a Terapia Intermedia. Noté que los protocolos se modificaban en TA: el familiar ya podía ingresar en diferentes horarios y los informes se fueron haciendo más constantes, su familiar estaba a punto de salir; la mujer que estaba a cargo de ese paciente mostraba mucha tensión, pues ahora los cuidados iban a ser desde su casa.

Le daban indicaciones constantes, tenía una hoja donde estaba anotado lo que iba a necesitar; oxígeno, materiales de curación, entre otras cosas más detalladas. Además, la entrevistaron con la enfermera que la iba a acompañar en el proceso cuando su familiar estuviera ya en casa.

Fui comprendiendo empíricamente el manejo de ese espacio y, sin saberlo, mucho menos proponérmelo, me hice "*experta*".

Entre mi madre y yo identificamos a los médicos "más groseros" y a los "más amables"; decidimos no hacer preguntas a los "groseros", porque vimos que entre más "esperanza" mostrábamos, más fríos y "crueles" eran con nosotras.

Con los que identificamos como "groseros", cuando salían o nos llamaban para dar algún informe, solíamos no entendernos; por ejemplo, nos decían "bajaron los niveles de desequilibrio", si expresábamos alegría, por la aparente buena noticia, de manera fría, firme y con un rostro seco nos interceptaban y enfatizaban: "¡No!, no es una *buena noticia*, porque aun cuando hayan bajado los niveles de tal cosa, está mal en todo lo demás y puede morir, puede morir ¿entienden?".

Néstor, nuestro médico tratante (el encargado de mi papá), era quien mejor nos atendía, siempre nos trató con afecto, aunque tampoco nos daba "*buenas noticias*". Pero cuando lo cuestionábamos sobre lo que le estaban haciendo, siempre nos decía que era así como se le tenía que tratar. Si le decíamos que tal cosa parecía buena, él nos informaba que dichos niveles estaban igual, otros estaban preocupantes y que, sobre todo, teníamos que ser pacientes. Ante las muestras de esperanza, nos decía "ojalá así sea, esperemos".

El estado de vida de mi padre estaba muy delicado, la estadística manifestaba que iba a morir. Cada día más órganos vitales se comprometían.

Había una situación peculiar a identificar por las fechas decembrinas; los turnos de los médicos encargados del área de TI eran diferentes y los especialistas eran escasos.

Las ganas de hablar con mis amistades y familiares se me fueron por completo, no quería dar malas noticias y me irritaba especialmente si alguien intentaba alentarme con alguna palabra "ya hecha". Por ejemplo, si me decían que "se iba a poner bien, que no me preocupara".

Casi todo me causaba enfado. Que me pidieran datos sobre la salud de mi papá me parecía un insulto, un acto violento. Jamás permití que mis amistades fueran a visitarme. No quería. Previo a esta situación, creo que siempre fui muy necesitada de atenciones de afuera; yo me asumía como una persona muy frágil, chillona y pasiva. Pero en esa situación todo cambió. Tuve que tomar decisiones complicadas.

En ese entonces, trabajaba con una compañera como psicoterapeuta y le pedí tiempo para atender a los pacientes que tenía a cargo, pero poco tiempo después renuncié a ellos. De igual manera, dejé las clases que estaba impartiendo en una escuela activa, que estaba en Xochimilco; ambas estaban muy lejos y la gratificación económica era poca. Empecé a buscar trabajo y me postulé para ingresar a un colegio donde la paga parecía por mucho más atractiva que lo que en ese momento recibía, a pesar de que las actividades a realizar me parecían hasta desagradables. De ser aceptada, podría ingresar en enero. Además, la ubicación del lugar estaba muy cerca de mi casa, a 15 minutos en transporte público e incluso podría llegar caminando. Todo eso pensaba.

Estaba, además, por terminar las clases de la maestría en un instituto en Morelia; terminaban en febrero, y solo íbamos los viernes y sábados. Yo tenía pensado terminar la tesis a la par de la maestría, porque ya estaba agotada física y económicamente por estar viajando casi cada fin de semana. Ahora más necesitada estaba de terminar la tesis.

Así que decidí dedicarme a mi papá, a postularme para un nuevo empleo y a terminar la tesis de maestría.

No recuerdo bien cuándo el médico tratante nos pidió que alternáramos las guardias; dijo que era importante que nos cuidáramos y que procuráramos por nosotras, pues los días iban a ser cada vez más largos. Me lo dijo especialmente a mí, que me veía ya muy mal. Me cuestionó si comía y si estaba durmiendo. Yo tomaba agua, ese garrafón se volvió necesario en mi vida, pero con la comida era más flexible; así que logró sensibilizarnos con eso y terminamos por alternarnos los días de guardia y los tiempos de estar ahí. Con mucha dificultad, pero le hicimos caso. El aseo, en mi caso, también fue algo que se había descuidado. En las mañanas bajaba y me limpiaba un poco. Estaba realmente descompuesta.

Una noche que me tocó quedarme, cerca de las 5 am, llegó una mujer muy alterada, traía ropa como de playa y se veía muy nerviosa, tocaba insistentemente la puerta de cristal y gritaba que le dieran informes. Nadie le hacía caso. Yo la observaba.

Cabe mencionar que nunca he sido muy dada a iniciar conversaciones con gente extraña. Pero en esa situación, me resultó imposible no hacerlo. Le pedí que no tocara, que su familiar, si estaba ahí adentro, era porque estaba ya muy grave. Que los informes los daban solo en "dos tiempos", en la mañana, cerca de las 11, y por la tarde, cerca de las 18:30. Nadie iba a salir a darle ninguna información, a no ser que esta fuera peor de lo que le iban a decir al rato. Entonces se calmó un poco y escuché que le comentó a alguien en el celular: "Dice una muchacha que, si no salen a decirme nada, es que no ha empeorado".

Luego me platicó que era su esposo. Estaban en

Acapulco cuando él se empezó a sentir mal, quería seguir en la playa y ella lo convenció de que fueran a un hospital. Lo llevaron a una clínica y ahí les dijeron que debían buscar un lugar más especializado; por el seguro de ella, llegaron al hospital donde estábamos. Ella trabajaba para el Servicio de Administración Tributaria (SAT).

Cuando terminamos de charlar buscó un rosario y se puso a rezar.

Al otro día llegaron unas señoras, de igual manera tocaron la puerta de cristal y gritaron, les volví a informar lo mismo que a la anterior. A partir de ese momento, inicié de manera improvisada a informar a la gente que llegaba. Pero, poco a poco, me volví más funcional. Fui comprendiendo el manejo de ese espacio y fui vinculándome con las demás personas.

Había veces que los informes se retrasaban y yo comprendí que era porque alguien de adentro se había puesto más grave. Afuera, los familiares se irritaban mucho, gritaban y golpeaban la puerta. Yo me acercaba y les pedía que se mantuvieran en calma, porque seguramente alguno de nuestros pacientes estaba grave y que podrían entorpecer el trabajo de los médicos. Alguna de esas veces, sí fue justo por mi papá.

También empecé a notar que cuando alguno de los pacientes se agravaba sacaban menos batas, aprendí a contar las batas y eso me generaba más tensión, mi corazón palpitaba fuertemente y sudaba; me mareaba. Llegué a pensar que era la sensación que han de haber sentido los judíos a la espera de la cámara de gas. Decidí alejarme de la puerta de TI. Me coloqué en los sillones que estaban destinados a TA, para no tener acceso visual a los enfermeros.

De igual manera, aprendí a identificar los pasos de los médicos que salían a horas no programadas y sabía que salían a dar *terribles noticias*.

Había una chica adolescente, de unos 16 años, que estaba ya muy familiarizada con el espacio. Su mamá había ingresado por un padecimiento en el cerebro, llevaba ya casi 6 meses internada; estaba en el área de Terapia Intermedia. Las enfermeras eran muy amables con la chica. No hablaba con nadie de los que estábamos ahí, solo con las enfermeras que salían de manera muy familiarizada hasta a dialogar de cosas triviales; es decir, le "chuleaban" su cabello o le hacían alguna broma, como para darle ánimos. El trato por parte del personal médico era especial, muy cálido y fraterno. Iba a visitarla principalmente su novio y su tía. A veces iba su hermano, pocas veces.

La situación con ella era diferente, porque conocía perfectamente el lugar y la dinámica. En el transcurso del tiempo, su mamá empeoró; la tuvieron que regresar a Terapia Intensiva y hasta entonces entablé una relación con ella, bromeábamos un poco, ella decía que su mamá ya había costado 3 casas en las Lomas. A veces nos encontrábamos en el baño y nos daba risa ver nuestro aspecto, cada vez era peor.

Generé una relación estrecha con las personas de la recepción, porque alguna vez se acabó el agua del garrafón y descubrí que ellos eran los encargados de solicitarlo[10]; bromeando les enfatizaba que yo no era así, que solía verme mejor, pero que era culpa de ellos.

Cada que me veían mostraban aflicción por saber que seguía ahí; pasaba más o menos lo mismo con la gente de vigilancia. Uno termina por tener una relación más o menos estrecha con el personal implicado del lugar y ese fue mi caso.

En algún momento internaron solo por un día a un paciente; llegó grave y el médico tratante les pedía a los familiares que lo aguantaran ahí adentro al menos hasta que lograran que se le estabilizara "en algo". La familia no tenía dinero y estaban muy asustados; lograron juntar el dinero y al día siguiente lo trasladaron al hospital la Raza del Instituto Mexicano del Seguro Social (IMSS).

Esa noche se vivió mucha tensión, los familiares no dejaban de discutir entre ellos, el protocolo de solo 2 personas se volvió a romper: salían, regresaban, hacían

10Otro dato más que no estaba en el panfleto del hospital.

mucho barullo, era inquietante.

La sala era muy pequeña, era imposible para mí no enterarme de los casos de los familiares y los pacientes; sé que no me competían directamente, pero también era favorable para los que iban llegando. En más de una ocasión les pude decir dónde estaban sus familiares, o les avisé a los médicos especialistas dónde estaba el familiar, si había ido al baño o si había salido por algún otro familiar.

31 de diciembre

Ese día llegaron los de la aseguradora y de un modo muy violento llamaron a los familiares de *Leonardo Sánchez* y se llevaron a mi mamá, parecía como si la estuvieran acusando de un crimen. Me quedé en la sala de espera. Cuando ella regresó me dijo que debía ir al banco y se fue muy tensa y enojada. El seguro se había terminado y había que pagar una fuerte cantidad de dinero o sacarlo de ahí a riesgo de que no soportara el traslado.

La salud de mi papá estaba por demás grave y cada vez empeoraba. Para ese momento, ya habíamos tenido contacto con varios especialistas de la salud de cada órgano; recuerdo perfecto que en días anteriores llegó el cardiólogo, entonces pensé: "yo creía que *Néstor* veía eso", resultó que no; porque el angiólogo ve las arterias y las venas. Cuando llegó el encargado de las venas y las arterias del intestino mi sorpresa fue igual. *Néstor* dijo que él solo ve las de las extremidades. Juntar y entender la información de cada especialista era de verdad un esfuerzo de "gigantes".

Además, los especialistas podían llegar a cualquier hora, cuando la puerta se abría a deshora; la implicación era la amenaza de muerte o una situación de mayor gravedad. Los informes, casi todos, los recibí accidentalmente.

Al regreso del encuentro con los de la aseguradora, mi mamá dijo que quería irse a descansar con sus hermanas. Decidimos que se fuera a festejar el Año Nuevo con ellas y sus sobrinos, para despejarse, y yo me quedaría a realizar la guardia.

En el turno de los informes vespertinos nos llamaron; en ese momento estaba mi hermana. Nos dijeron que, al fin, habían localizado cuál era el problema de la infección. Mi papá tenía piedras, mismas que habían obstaculizado el riñón; la orina había salido e infectado todo el organismo, había que sacarlas o "romperlas" para que quizá pudiera funcionar de nuevo su organismo; tampoco era seguro, pues el daño estaba ya hecho. Pero también tenía llena de piedras la vesícula y había que quitarla pues podría explotar y, entonces, habría un nuevo problema.

Los riesgos, de nuevo, eran mortales e inciertos.

La médica encargada nos llamó. Nos dijo que debíamos tomar decisiones, que las piedras se podían quitar, pero que el riesgo era que alguna de ellas se desviara y que, entonces, pegara con los pulmones, estos explotaran y se diera una muerte inmediata. O bien, podríamos esperar para verlo morir en un lapso no mayor a 48 horas. Por otro lado, había que aprovechar para intentar quitar la vesícula, pero por el grado tan delicado de infección, esta podría infectarse y de igual manera él podría morir de inmediato o al poco tiempo.

Nos pasaron con los encargados *especialistas* de la posible operación. El urólogo, en tono muy tierno, nos dijo: "esperemos que su papito esté bien, yo soy un experto y haré todo lo que esté de mi parte, pero dependemos de él. Les quiero ser claro, los riesgos son muchos, pero si fuera mi papá, yo lo haría". Mi hermana lloraba. Yo no lloraba, pero estaba de nuevo con esas palpitaciones, sudoraciones, calor, tensión en todo el cuerpo y mareos.

Luego nos pasaron con el cirujano y este, un "oriental", que hablaba poco y limitadamente el español, nos dijo que no quería operarlo porque estaba muy grave.

Mi papá tiene una malformación congénita que le ha enchuecado la columna y la cadera, además un sobrepeso importante que hacía más riesgosa la intervención.

El "médico oriental" se levantaba e iba a ver a mi papá y regresaba a sentarse recargado en sus piernas, movía la cabeza de modo lateral, como quién dice "no, no"; se negó a participar. Se quitó la bata y se fue, como cuando uno expresa "tiro la toalla."

Entonces, me quedé con la médica y me acercó los papeles. Le dije que no entendía lo que me estaba diciendo. Hasta ese momento, todos los papeles de consentimiento para intervenir a mi papá, los había firmado mi mamá. Yo por la premura de la llamada a informes había dejado mi teléfono en la sala.[11] Mi hermana estaba recargada en la pared, paralizada. Leí los documentos, los riesgos y el trámite; seguí sin comprender. Entonces, pedí que me dejara hablar con mi médico tratante. Me dijo que no, que hablara con mi mamá. Le reiteré que no; que quería hablar con mi médico.

Regresó el "médico oriental" y dijo que ya, que se animaba. Eso a mí me ocasionó más temor, ¿cómo ahora sí?, pues si eso no era un juego. Les insistí que me dejaran hablar con Néstor, mi médico, pero la médica se aferraba al no, decía que yo tenía que decidir ¡Ya!

11 Había ocasiones en que, si a uno lo llamaban y no atendía de inmediato, te saltaban o te regañaban. Esto suele ser muy común en los hospitales de gobierno; pero resultaba desconcertante en el privado.

Entonces iniciamos un diálogo "de sordas", terrible para mí.

—Está bien, mi papá es fuerte y sé que él va a salir de esta.

—¡Entiende que aquí la fortaleza de tu papá no sirve!, ¡se puede morir y te tiene que quedar claro!

—¿Va a sufrir?

— ¡Aquí la única que está sufriendo eres tú!, él está sedado; entiende que se puede morir y que debes decidir. Que la operación puede fracasar y que tiene más posibilidades de morir que de vivir.

—¡Quiero hablar con mi médico!

—¡Llámale a tu mamá!

—¡Mi mamá no sabe nada de medicina! Y a usted no le entiendo.

—¡Yo ya hablé con tu médico y necesito que decidas!, yo te puedo decir que según todos los libros (los señalaba), ¡tu papá debería estar muerto!

Entonces, mi hermana alterada, llorando, muy nerviosa y recargada en la pared, me pasó su teléfono y le marqué al médico.

—*Néstor*, te voy a pasar a la médica para que te explique.

Le puse el teléfono a la médica y a pesar de no verse muy dispuesta a hacerlo, dialogó con él y le dijo molesta:

—¡Como ya le había comentado hacer rato… (…)![12]

Al terminar de hablar con él, la médica enfadada me regresó el teléfono. Ahora yo hablé con *Néstor*. Me explicó que todo lo que la médica había dicho era así; que era lo que se tenía que hacer, que firmara. Le pregunté:

—¿Estoy firmando la sentencia de muerte de mi padre?

—¡No!, tú estás firmando la posibilidad de que él viva.

Firmé. Odié a la médica.

Esa escena fue el motor emocional de este trabajo de investigación, mi papá el motor racional de poder hacer algo libidinal de una situación tan violenta. Pero también el contacto que tuve en ese momento con los familiares, que llegaban nerviosos, llorando, desorbitados, gritando y/o enfadados y con pocas palabras se podían tranquilizar un poco; incluso a los que les ofrecí llamarles o enviarles mensajes en caso de que salieran a dar algún informe; para que ellos

12 Todo el diálogo entre ellos fue en términos médicos, no recuerdo ni una sola palabra, en gran medida porque no entendí en su momento.

pudieran ir al baño. También a los que pude aconsejar, para no dialogar con esos "médicos groseros" o saber qué decir y qué ignorar.

1ro. de enero, 2015

La operación se realizó el día 1ro. de enero de 2015, las implicaciones sociales del día primero del año siempre son muchas; pero para mí en especial, que no tengo una religión y que suelo no realizar rituales de festejo, ese día es muy significativo. Me gusta analizar lo que ha pasado en el año, qué he hecho. Recuerdo que en esa fecha en especial estaba esperanzada: quería a mi papá de vuelta.

Observé que la gente que estaba ahí solía rezar y se calmaba, así que inicié un ritual de lectura. Me hacía falta leer un libro que mi asesor de tesis me había solicitado. Decidí leer un capítulo sin distracciones, yo sabía que eso era hacer uso del *pensamiento mágico*, pero me ayudó a sobrellevar y esperar el designio de mi padre. Mi mamá también empezó a ordenar papeles. La actividad mermó en nosotras favorablemente.

Pero en ese momento perdí una valiosa amistad, porque insistió en que no le importaba que yo no quisiera verla, que ella me iba a ir a ver al hospital. Tajantemente le dije que ¡NO! Hasta la fecha no me ha vuelto a hablar.

Mi padre salió bien de la operación y poco a poco fue recuperando su salud. En ese proceso tuvo algunas recaídas. Debo mencionar que, pese a que tengo una capacidad constante para *racionalizar*, estaba desecha. En alguna ocasión, bromeando, Néstor me dijo que ¿qué le hacía a mi papá?, pues cada que yo entraba él empeoraba; me costó trabajo "quitarme esa broma de la cabeza." Ahora podría decir que mi nivel *omnipotente inconsciente* se sintió responsable del mal estado de mi papá, y no quería volver a entrar por temor a que no se recuperara.

Tampoco me encantaba verlo así, tan diferente. Es que una en esa situación se cuestiona si ese que está ahí es el familiar con el que se convive a diario. Mi papá es muy alegre, suele dialogar con todas las personas que tiene a su alrededor. Además, le tiene mucho temor a la muerte. Ama vivir y no desea morir.

Había además que darle información a mi abuela, mi tío paterno, a sus amigos y compañeros del sindicalismo. Inicialmente yo no quise responder su teléfono, solo hablaba con mi abue, a quien le informaba de manera muy sesgada lo que estaba pasando. Ella se iba a rezar y, pese a que yo no soy religiosa, me gustaba saber que, "por si las dudas", mi abue se encargaba de la parte celestial.

En lo que aún estábamos ahí, ya después de la operación

de mi papá, ingresaron a una mujer. Llegaron sus hijos en la madrugada y se veían muy cansados, llorosos. Jóvenes, quizás el mayor de 25 años y el menor cerca de los 20. Para cuando ellos llegaron, ya teníamos asignados "lugares"[13], la mujer del SAT, la adolescente y nosotras; pues éramos las que más tiempo llevábamos en esa situación, pero decidimos cederles los lugares y tratar de hacerles la espera menos desagradable.

No hubo necesidad de avisarles del funcionamiento del espacio. No pasaron muchas horas sin que salieran a darles avisos desafortunados, a todas horas, y no los dejaron descansar por más de una o quizá dos horas, era demasiado fuerte para todos.

Supimos que se encontraban en un paseo familiar, festejando las vacaciones decembrinas. Estaban en Cuernavaca jugando, cuando la madre se empezó a quejar de dolores de cabeza, llegaron al hospital a la especialidad de *Coronarias* y a las pocas horas ya estaban en Terapia Intensiva. Desde su ingreso, la mujer tuvo varios infartos, no recuerdo específicamente de qué tipo, pero recuerdo que ahí comprendí que los hay de todos: micro, mini, prolongados y fulminantes.

Los familiares lloraban constantemente. Llegaron sus respectivas novias al hospital. A ratos cabeceaban, pero jamás lograron el descanso.

---

13 Tanto el piso como los sillones los teníamos bien repartidos.

En la mañana, el menor fue a su casa por cobijas y algo de ropa. La novia del mayor lo convenció de ir a desayunar algo y, cuando bajaron, salió su médico tratante, gritando por los familiares de la mujer (no recuerdo el nombre).

Bajé corriendo a la cafetería a avisarles, él subió y la novia se me quedó viendo, habían pedido café y pan; les dije que fueran, que yo me quedaba. A los pocos minutos regresó y pagó. Un infarto fulminante. Los abracé. Me agradecieron mucho.

Así fui guardando los números celulares de todos los que estaban ahí; si requerían ir al baño, yo les avisaba.

Néstor y mi mamá hacían bromas de mi comportamiento. Llegaban familiares a preguntar sobre algún paciente y ellos, con risas, me los dirigían. Yo les informaba o de dónde estaba su familiar o de la situación general del paciente, por ejemplo: les decía si lo iban a intervenir o si había empeorado. También les decía que, al despertarlos de la anestesia, suelen tener delirios y que no se espantaran, porque nos tocó que el primero que gritó que lo estaban maltratando y que rogó porque lo sacaran de ahí nos causó mucho espanto. Luego entendimos que era parte del efecto de la anestesia.

La chica que tenía internada a su mamá se impactó mucho cuando al poco rato de decirle que ya pronto se iban a ir a piso, su mamá tuvo una falla y regresó a

Terapia Intensiva. Para ese momento, ya nos habíamos pasado números de celular, nos comunicábamos solo en vivo, y ya hablábamos constantemente (el celular solo era para avisarle en caso de que algo pasara y ella saliera al baño). Habrá que enfatizar que jamás se iba por más de 2 horas, no recuerdo dónde se bañaba, el hospital se convirtió en su casa; el sillón de 3 personas estaba asignado a ella.

Llegaron varias personas a visitarla. Ella dejó de comer, yo intentaba motivarla a comer y a veces lo lograba, pero era muy poco. "Jugaba" a que la iba a acusar. Su mamá empeoró y falleció a finales de enero. Cuando regresé, ni ella ni sus cosas estaban ahí. Luego la contacté por celular solo para darle el pésame.

En una ocasión ingresaron a un paciente que se había negado a seguir internado en el hospital Dalinde, dijo que ya no aguantaba y firmó su responsiva, él salió con una sonda, si bien no era grave, debía permanecer más tiempo hospitalizado. Al no hacer caso, se fue a su casa, y la sonda se infectó, se tapó y el líquido se le fue a las paredes del organismo, motivo por el cual llegó directo a Terapia Intermedia. Bastó un día para que lo pasaran a Terapia Intensiva y, al poco rato, estaba ya entubado.

Especialmente el papá del paciente, que era un hombre diabético, estaba muy angustiado y su hija le pedía que se calmara, que le iba a hacer daño. Me acerqué a él y le dije que casi todos estaban entubados, que no se preocupara por esa situación en particular. Y que el tubo tenía una duración, que quizá le hacían una traqueotomía, pero que era parte de un protocolo. Que las noticias ahí eran terribles, pero si no le llamaban entre horarios, era que no iba a empeorar más. Empezamos a comunicarnos. Una noche que estábamos todos muy inquietos, y a sabiendas de que yo no creía en ningún Dios, me pidió que rezara con ellos, accedí y participé solo quedándome en silencio, y dijo que él iba a pedir por todos, que si podía también lo hiciera a mi manera. Le dije que sí. Fue muy grato.

Yo me quedé en el trabajo al que me postulé, tuve que ir a la entrevista, que exigía mucho. Mi papá estaba aún en estado crítico, pero los informes parecían más favorecedores, aun cuando ya tenía muy claro que estando en Terapia Intensiva no puede haber un momento de paz. Yo suelo vestirme de manera poco cuidadosa, no le pongo mucho empeño a los protocolos sociales y no tengo ropa "formal." La entrevista ameritaba y exigía de manera implícita que vistiera de manera "casual", pero de preferencia formal. Fue muy complicado para mí pensar en eso; yo quería irme y desistir.

Le llamé a una amiga de la infancia para que me ayudara. Afortunadamente y, pese a mi rechazo a hablar, me comprendió y me apoyó; fuimos a una tienda departamental, pero no encontré nada. Me desesperé más. Me enojé con mi novio, pero fue él quien finalmente me ayudó con la ropa. Yo estaba muy desesperada. Fui a la escuela y pasé al último filtro del proceso de selección en Recursos humanos. Me dijeron que estaba ya contratada, pero tenía que pasar a entrevista con la dueña. Ella me entrevistó y me preguntó si podía ingresar a trabajar al otro día, el 8 de enero.

En el hospital habían dicho que iban a intentar despertar a mi padre el día 9; de no responder, a él también tendrían que hacerle una traqueotomía. Así que le pregunté a la dueña de la escuela si podía esperar, le comenté de manera muy general mi situación; también le dije que, de no ser posible, con gusto iniciaba ya; pero se me llenaron los ojos de lágrimas. Me dijo que estaba bien, que me esperaban mejor el día 15; y que además era mejor para la nómina. Le agradecí y me fui.

Cuando despertaron a mi papá fue muy extraño para nosotras. Entró mi mamá y, al salir ella, ingresé yo. Mi papá me preguntó si sabía por qué mi mamá no iba a visitarlo.

Además, yo le hablaba, nos decían que lo hiciéramos. Intentaba animarlo y decirle que el SME[14] lo esperaba,

14 Pese a tener su trabajo en la UNAM, la labor que desempeña con mayor entrega, pasión y compromiso es con el Sindicato Mexicano de Electricistas, sindicato de la ya extinta Compañía de

que tenía que ponerse ya bien; le cantaba el Himno del SME,[15] porque él nos lo enseñó desde que éramos chiquillas. Y me dijo: no te oigo. Había perdido la audición. Lo fue a ver una otorrinolaringóloga también.

Sus primeras palabras conmigo fueron preguntarme si había chocado. A mí me alarmaba mucho que no recordara nada. Y lloré con él[16] cuando me preguntó —¿Aún soy *Leonardo Sánchez*?

Lo ingresaron a Terapia Intermedia.

Como casi acababa de "despertar", para él era aún diciembre. Le preguntó al médico oriental si tenía hijos, quería obsequiarles algo para los Reyes, un libro o algo así. No recuerdo cuándo me animé a decirle que ya todo eso había pasado. Era muy fuerte; el médico oriental no entendía nada y seguía siendo seco.

En una de mis guardias me pidieron que les ayudara a

Luz y Fuerza. Desde pequeñas nos cantaba el Himno del Sindicato, fue, digamos, de mis "canciones de infancia"; lo que para mí en su momento eran "canciones infantiles". Realiza investigación social con los electricistas, por eso.

15 Desde ese momento me había dado mucha pena y risa esa escena, yo canté muy fuerte y resultó que todos me oyeron, menos él ¡qué horror!

16 Mi papá rara vez llora, como lo he mencionado previamente, él es alegre y fuerte. Siempre considera que la vida tiene cosas buenas y tiene una frase que versa: vale por la vida misma, no más por eso. Fue muy fuerte verle así.

darle de comer, al tomar su mano vi que estaba llena de sangre, se la oculté de la vista; la limpié toda y avisé a los médicos. Tenía una hemorragia interna y lo regresaron a Terapia Intensiva. Ya nunca lo volvieron a dormir, pero fue muy fuerte verlo de nuevo ahí; las noticias ya no fueron nunca tan desagradables como antes, aunque no dejaba de ser desesperante seguir ahí. Habíamos ya presenciado esa escena de pacientes que se iban y luego regresaban a morir.

Mi novio se enojaba mucho de que yo estuviera al tanto de los demás, me lo reclamaba con enfado.

Cuando ingresé a trabajar, mi novio aceptó hacer turno de guardia con mi mamá. Aun cuando mi papá ya estaba en Terapia Intermedia, la sala se compartía con los de Terapia Intensiva. Bastó una noche ahí para que él comprendiera la imposibilidad de ser indiferente a los demás familiares. Esa noche falleció un familiar de otra persona, y el chico que venía del Dalinde empeoró, mi novio les dio confort a sus padres.

Yo les decía a los médicos que si de regalo de cumpleaños (23 de enero), mi papá iba a estar afuera; hasta entonces empezaron a decir: "ojalá que sí."

Cuando mi papá salió de Terapia Intensiva, subí a visitar a los que aún seguían en ese espacio; me encontré con el papá del chico-Dalinde y estaba más preocupado porque le iban a realizar la traqueotomía. Le recordé que era una situación de rutina, porque el entubamiento no podía sobrepasar cierta cantidad de tiempo. El tubo no se puede mantener limpio y se corre el riesgo de que se infecten los pulmones. Me pidió que aun cuando no creyera en Dios, pensara en ellos y que deseara se recuperara.

Una vez que mi papá fue dado de alta, y en una de las visitas externas, lo conoció; a él le dio mucho gusto ver a mi papá; se tomaron de la mano, mi papá salió mencionando que mientras estaba hospitalizado quería decirnos que le tomáramos la mano, pero que no tenía modo de expresarlo.

Yo no lo tocaba, porque creía que no se podía, por infectarlo o lastimarlo; pues en esa situación, él tenía tubos, mangueras y todo tipo de aparatos en el cuerpo. Nadie informaba ni instruía qué podíamos hacer.

El chico salió unos días después y se ha recuperado satisfactoriamente.

Mi papá salió del hospital el 18 de enero de 2015, delicado, pero con vida. Tuvimos que recorrer a todos los especialistas; todos quedaron impactados de la pronta y satisfactoria recuperación de mi papá. Lo fueron dando de alta y era común que expresaran que "era un milagro." Está implícita la limitación que tiene la "ciencia dura", pese a su afán de querer aprehender todo el conocimiento y poder predecir, aún "se les escapa."

Habrá que comentar que, en el transcurso de los días, entre mi hermana, mi mamá y yo tuvimos varias discusiones, pues a veces lo que cada una escuchaba no era lo mismo para las demás; especialmente en el caso de mi mamá, pues hasta que otro familiar cercano se encontró en Terapia Intensiva y me escuchó dialogar con *Néstor* sobre esta situación, ella se percató de que mi papá siempre estuvo en *riesgo de muerte* y no "solo muy mal", como ella creía. Mi hermana, por su parte, nunca vivió la situación internamente, pues su posición era de visitante; las circunstancias no le permitían estar de otro modo.

Mi mamá, por su lado, sí quiso tener contacto con su familia. Eso para mí fue muy irritante y provocó un disgusto fuerte.

Mi hermana y mi mamá en algún momento discutieron, y al yo ponerme del lado de mi mamá y sacar los enojos con mi hermana, hizo que mi mamá me gritara en frente de todos los de la sala… yo me fui a unas escaleras a llorar.

Mi novio en alguna ocasión se molestó porque le pedí que me llevara alimento, y él tenía un compromiso personal importante.

Todos estos incidentes eran recurrentes en la sala, cuando

estaba en mi turno. Los que estábamos "de base" (la del SAT, el de Dalinde y la adolescente), hablábamos de eso, sabíamos que era parte de la dinámica. Todos pasamos por momentos de fricción personales y lo entendíamos. Fuimos un apoyo informal entre nosotros.

Necesidad del concepto Angustia de Muerte. Antecedente

Dado que la creación de las UCI es joven en comparación con el área de la medicina y, conociendo que el origen de este espacio fue una situación bélica y, posteriormente, con un sentido cientificista de corte positivista, netamente orgánico, aún nos encontramos en intentos valiosos por aportar nociones humanitarias a dicho espacio. Asimismo, dado que es un espacio que resulta de un alto costo económico, sea al gobierno de cualquier país o al ciudadano que requiere usarlo, los esfuerzos por mejorar la calidad humanitaria, si bien son escasos, se han centrado más en el personal médico o en el paciente internado.

Los estudios enfocados hacia los familiares, tutores o representantes legales han sido precarios; pero introducir el concepto de Angustia de Muerte es un elemento que hasta este momento de la investigación no se ha encontrado en otras investigaciones o libros publicados. Por ello, consideramos que esta investigación puede ser exploratoria y, por ende, con un alto grado de innovación y pertinencia en el tema tratado.

Las investigaciones dentro del campo de lo social han tenido que enfrentarse con las ciencias con orientación positivista o la cientificidad del momento histórico vigente, pero habrá que recordar y subrayar que la ciencia debe tener un compromiso con el conocimiento, no así con su exclusiva posibilidad de mensurabilidad; también habrá que considerar que en este andar del conocer e investigar, los objetos de estudio no se dan en sí mismos, es decir, el inicio es difuso o quizá hasta oscuro. En ese sentido lo menciona Zemelman (2006)

> Todas son puertas de entrada para definir el problema que, como tal, servirá para alumbrar al momento en que está ubicado lo que interesa conocer; en términos tanto de sus determinaciones como de su movimiento.
>
> Para ello se requiere que el sujeto sea capaz de ubicar el problema antes de abordarlo como objeto, lo que significa instalarse en el momento del que éste es parte. (De la Garza, 2006. p. 39).

Así, habremos de ubicar y reconocer a distancia cómo surge esta investigación. El desarrollo del caso empírico; la situación por demás desagradable vivida en la institución hospitalaria me llevó de primera instancia a tener un sentimiento hostil y desagradable para con la parte médica del espacio de las UCI. La intención inicial era demostrar y evidenciar el "maltrato", evidentemente más que investigación procedería como denuncia jurídica o en dado caso social. Así, en medio del arrebato emocional, indagando con una postura dentro del marco psicoanalítico, logré apartarme de esa *rabia primitiva* y pude observar que, si bien no pretendía denunciar ni solo señalar, sí había algo en ese espacio que hacía que los familiares, específicamente, tuviéramos una situación de incomodidad, desamparo, e incluso de total vacío.

El primer objeto identificable fue el panfleto; quizá ese "tríptico" estaba mal diseñado, porque había cosas que no estaban claras y eso obstaculizaba el trato. *Si bien sabemos que situaciones como estas no tienen un contexto saturable, es decir, una guía o documento escrito que tenga la posibilidad de abarcar todo lo que es "vivible" o susceptible de padecer en este espacio, sí encontré que la existencia de ese panfleto no cubría ni en un mínimo porcentaje el protocolo de lo que ahí sucede, ya no se diga en términos de atención a los familiares, sobre todo en cuanto a un área de contención.*

Cuando indagué sobre quiénes hacían el tríptico o las

instrucciones establecidas, tampoco quedaba claro el motivo de la afección por demás compleja en ese ambiente.

Entonces, busqué al personal profesional que sabe y maneja dicho espacio, así como a algunas personas que habían tenido algún tipo de contacto con este, sea como pacientes internados, o bien, como familiares. Ahí apareció una primera guía: "la muerte"; sin embargo, ese espacio no es necesariamente el lugar donde los sanos o los enfermos mueren. La duda continuaba.

Fue entonces que aquel encuentro de la noche del 31 de diciembre brindó una luz importante, ¿por qué lo viví con tanta aparente violencia? Fue que se abrió la posibilidad de pensar que había un vacío de información, de conocimiento médico, de palabras y hasta expectativas. "Se puede morir, no es seguro, tampoco se va a salvar y quizá quede mal."

Así se generaron los primeros instrumentos de investigación de tipo exploratorio.

Instrumentos de acercamiento

Al ser esta una investigación de tipo cualitativo exploratorio, el instrumento que se consideró inicialmente fue la aplicación de entrevistas abiertas a los siguientes informantes clave: personal médico encargado de UCI, enfermero especializado en UCI, el hijo de un paciente internado en UCI, la esposa de un paciente internado en UCI, dos hijas de un paciente interno en UCI y una paciente que estuvo internada en la misma unidad.

Las entrevistas se realizaron con la propuesta de los guiones para estas, siguiendo los lineamientos que rigen a toda investigación *cualitativa* en su fase de recolección de datos.

De dichas entrevistas surgieron dos *guiones tentativos* para iniciar las entrevistas semiestructuradas.

Procedimiento

El campo científico del conocimiento tuvo de inicio un auge quizá sobrevalorado ante la idea tradicional de generar información a partir de una "objetividad", donde el agente investigador quedara aislado de la recolección de datos para así dar cuenta de su validez.

A lo largo de la historia, las ciencias humanas se vieron en la compleja necesidad de cuestionar y refutar en determinados escenarios dicho proceder. Hoy se sabe que, dentro del campo científico, el compromiso con los datos y el poder dar cuenta de estos no siempre puede surgir de una metodología tan estrecha y esquematizada.

El conocimiento ha evidenciado que muchas veces el abordaje se genera cuando los acontecimientos se dan: suele suceder que el evento surja de manera inesperada y, entonces, si se tiene la capacidad analítica suficiente, es factible generar una información seria que arroje datos importantes dentro del campo del conocimiento científico. A esto se le denomina, según Castro, L. Castro, M. y Morales, J. (2016) *observación no Sistematizada* (Ons); esto se puede dar cuando:

> … el observador accede al escenario de observación o se enfrenta al objeto sin una definida red conceptual o categorial elaborada expresamente para guiar dicho proceso de observación. Esto ocurre en la práctica científica por diferentes motivos; así, por ejemplo, cuando el proceso de observación se ha desencadenado de forma imprevista, por ejemplo, al depender de un acontecimiento no esperado […]. (p. 64-65).

Ante ello, lo que se usó en esta recolecta de información

fueron los datos obtenidos en el momento en que mi padre ingresa a la UCI; con apoyo de las bitácoras que realizo desde el año de 1994 como un ejercicio lúdico, pude recuperar los momentos como fueron sucediendo; además de recordar y ubicar escenarios que, sin ese respaldo, un año después hubiera perdido;[17] adicional a ello, también está el respaldo de las conversaciones obtenidas vía WhatsApp, así como fotos y un cuaderno con el que nos comunicamos con mi papá una vez que identificamos que había perdido la audición.

Dicha situación permitió identificar el proceso, así como vivirlo y mostrar los datos que se fueron presentando en los familiares que vivían una experiencia similar; el cómo poder obtener datos empíricos, mismos que, al respaldarse con la teoría, lograron sistematizar e identificar las categorías psicoanalíticas; además de poder dar una propuesta de cómo se puede abordar dicha problemática y la pertinencia de realizar algún tipo de intervención. A dicha práctica se le ubica como la de un observador participante (OP):

> En la observación participante el observador accede a los escenarios de observación de modo que su presencia en ellos tiende a integrarse en la vida y las actividades del colectivo humano

17 El ingreso de mi papá a las UCI fue de diciembre de 2014 a enero de 2015; este proyecto de investigación se empezó a gestar en septiembre de 2015.

> observando o en el entramado interaccional del marco social e institucional que es objeto de estudio. La integración del observador en la escena admite [...] la plena integración que exige, por parte del observador, la asunción de roles y competencias ajustados al marco interaccional en el que se mueve, actuando, de este modo, a la vez como actor social y como observador. (Castro, L. Castro, M. y Morales, J. 2016. p. 68).

Por lo anterior, tuve una sensibilidad emotiva y hasta empática a esos espacios, siendo que la situación inicial solo tenía tintes de dolor, sufrimiento y enfado; con una tendencia que se vislumbraba más como rabia contenida o necesidad de demanda jurídica. Solo con apoyo de la identificación y manejo de la teoría salí de esa situación y pude elaborar un trabajo científico, con pretensión de ser el inicio de un proyecto presumiblemente necesario para la sociedad, aplicable de manera práctica donde la teoría psicoanalítica puede nutrir y encaminar la técnica de su abordaje.

Una vez identificado el problema, se realizaron algunas entrevistas semiestructuradas que arrojaron datos fundamentales en cuanto a delimitar a la población y la forma de estudiarla; así como a iniciar una búsqueda tentativa de aplicación. Esto se concretó a inicios del año 2016. La investigación seguía con un sentido menos espontáneo y más sistematizado, la meta, hasta ese momento, era identificar al actor dentro de las instituciones médicas, fuera el médico encargado de la UCI, el grupo de trabajo social o, quizá, generar una figura alterna dentro del espacio hospitalario, como la función que suelen ejercer actualmente los *tanatólogos*.

Sin embargo, nuevamente los imprevistos le volvieron a dar un giro a dicha propuesta. El 19 de septiembre de 2017, alrededor de las 13 horas, un sismo sacudió la CDMX; ante este acontecimiento, pero a diferencia del sismo ocurrido 32 años atrás, surgieron diversas redes de apoyo no oficiales o informales —independientes de cualquier institución gubernamental— que brindaron ayuda a personas en crisis, con manifestaciones de *angustia*, tanto a distancia (vía WhatsApp) como presencial.

Pocos meses después, en diciembre de 2017, mi cuñado se cayó de una escalera metálica, a dos metros de altura. Se golpeó la cabeza e ingresó a una UCI. Al tener ya un marco teórico bastante elaborado, pude observar cómo por vía del uso de las redes sociales, específicamente de WhatsApp (pero no exclusivamente), se podía abordar dicha situación y facilitarle a mi hermana el enfrentamiento de toda la demanda que implica estar en dichas Unidades de Cuidados Médicos.

Estos acontecimientos hicieron que, si bien en algún momento se pretendiera orientar la investigación hacia una estructura sistematizada, la flexibilidad se interpusiera. L. Castro, M. y Morales, J. (2016) mencionan: "La principal ventaja de este tipo de observación es su capacidad heurística y suscitadora de nuevas ideas, hipótesis o problemas, así como su flexibilidad, pues permite al observador adaptarse a situaciones muy variables" (p. 65).

Así, la pretensión de buscar espacios oficiales dentro de las instituciones médicas perdió sentido y relevancia provisional,[18] pues se identificó una posibilidad de ejecución más concreta y fáctica; así se vería un mayor alcance, con un sentido más emergente y pertinente: brindar apoyo al familiar, apaciguar y disminuir la *angustia de muerte.*

---

18 En el transcurso de la investigación se podrá observar que la duda de la pertinencia o hasta exigencia de tener este apoyo dentro de las instituciones, siendo responsabilidad de los propios médicos, de la figura de apoyo dentro del mismo hospital o bien de la colaboración concreta y especializada de algún trabajador social, ni se descarta ni se exige. Pero ante todas las complejidades que sería ingresar a los hospitales, consideramos pertinente y mucho más eficiente generar espacios donde el público pueda acceder de manera voluntaria, y la institución hospitalaria quede exenta de cualquier tipo de compromiso para con el familiar del paciente internado en la UCI.

Desgaste importante físico por parte de los familiares y sus implicaciones psicológicas (emocionales)

Los familiares inician un proceso de desgaste importante e integral. Inicialmente, por la noticia de tener un familiar en una situación crítica severa, luego el acomodo de las guardias: permisos laborales, acuerdos o renuencias de otros familiares, manejo individual para enfrentar una situación tan compleja (como son las cartas, o bien, las decisiones que se deberán tomar en el instante que surjan, se esté acompañado o no, sin tiempo o con tiempo); trámites administrativos dentro del hospital y vislumbrar los pendientes del paciente ahora internado, valorando siempre y cuestionándose si se toman decisiones correctas, sea para ignorarlas o atenderlas.

Adicional a ello, las inclemencias de los espacios de TI, el ambiente de escaso o nulo confort que se vive en la sala de espera (si es que la hay), la ausencia de privacidad, las posibilidades de obtener alimento de un modo eficaz, la inseguridad (factor común en la CDMX) y calidad de los sanitarios (en general, toda la higiene). En fin, las condiciones sociales o físicas se agravan para los familiares.

También destaca la ignorancia sobre cómo sobrellevar la visita con el paciente, pues generalmente se exige una actitud alegre, tranquila y se solicita dar ánimos, sea en demanda de los médicos, enfermeras, o bien, como una fantasía omnipotente de los familiares implicados ("Seguro si me ve bien se curará", "Hay que pensar positivo", "Ya te encargué con la Virgencita", etc.).

Ψ *Manejo y alcance por parte del personal médico para sobrellevar la angustia de muerte presente en los familiares del paciente en UCI*

Es importante comprender y estudiar a fondo dicha dupla, al ser estos los agentes más importantes durante la estancia del paciente en UCI. Los médicos suelen anteponer la incapacidad de poder adentrarse con los familiares o con el paciente, pues su desgaste emocional se podría ver afectado de tal manera que su calidad de vida se viera comprometida, o bien, su desempeño médico para con los pacientes.

La relación del antiguo y clásico "cuerpo y alma" sigue siendo vigente. ¿Hasta dónde esta separación tiene una razón basada solo en el marco del positivismo cientificista? ¿Es un fundamento práctico, una limitación médica o una cerrazón a la apertura de la prueba fehaciente del vínculo concreto del avance en pos de la ciencia, sin descartar, de hecho, la necesidad de considerar y abordar las subjetividades inmersas en todo conocimiento humano?

Hasta ahora, podemos considerar el hecho de que la UCI se gestó en medio de un ambiente frío y bélico; su crecimiento se desarrolló con fines biologicistas, y no con un concepto basado en el resguardo humano.

Incluiremos la falta de recursos económicos asignados por parte del Estado dentro de los hospitales del sector público y la situación económica o laboral particular de los mexicanos que pudieran tener acceso al servicio de salud privado.[19] La UCI es un espacio que le cuesta mucho a la sociedad. El poner como una prioridad los instrumentos físicos para atender al paciente y tener al personal calificado con el conocimiento y las técnicas médicas necesarias ha sido una prioridad, lo cual es totalmente comprensible.

Ψ *Vínculo entre los familiares y la cura del paciente internado*

Sin embargo, es labor de esta investigación indagar

19 En los hospitales privados, siendo elevados los costos, la relación con paciente y familiares es obvia: depende de los ingresos económicos de la familia. La capacidad económica resuelve las condiciones de las instalaciones, pero las emocionales persisten en los familiares. La angustia de muerte aparece sin diferenciar eso.

qué tan primordial es brindar apoyo a los familiares del paciente de la UCI —quienes posiblemente experimentarán la *angustia de muerte*—. En esa situación son ellos quienes tendrán que brindar la aceptación y autorización de intervenciones, para asumir una causa legal o para deslindar al personal implicado; tomarán, pues, "la mejor decisión."

El resto de las demandas por parte del familiar son extremadamente subjetivas y se verán mermadas por todo tipo de *mecanismos de defensa* que logre emplear el familiar, sea inhibiendo funciones vitales, como: el apetito, descanso, incluso las intestinales, solo por mencionar algunas.

En ocasiones, la exigencia por parte del familiar para comprender es irracional pero necesaria; el familiar "quiere saber", aunque no logre comprender, no sepa lo que está preguntando, o incluso, niegue inconscientemente lo que le han informado, para con ello generar la fantasía de que "se pondrá bien." El enlazar las palabras y las ideas hace posible el pensar propiamente dicho. Fenichel, O. (1994. p. 64) señala:

> El yo posee ahora un arma mejor para el manejo del mundo externo y de sus excitaciones propias. Éste es el contenido racional de la antigua creencia mágica de que se puede dominar todo

> aquello que se puede nombrar.
>
> El empeño en dominar los impulsos instintivos contribuye indudablemente, de este modo, al desarrollo intelectual. Se produce un abandono de la fantasía emocional por la sobria realidad, viraje que sirve para combatir la angustia.

El personal médico, al posiblemente ignorar esto, podría ser no solo facilitador de mayor angustia, sino al contrario quizá dar "pasos de ciego" y lograr con éxito, de manera azarosa, apaciguarla.

Hasta este momento de la investigación no se ha logrado identificar a la *angustia de muerte* en el espacio de la UCI como un elemento a considerar; por ende, presumimos que el personal médico a cargo tampoco tendrá claridad en lo que aquella consiste; mucho menos su importancia para poder realizar su trabajo, cooperando con el familiar y atendiendo al paciente crítico, el cual tendría que ser el eje rector. Pero son el familiar y el personal médico quienes tendrán la posición activa y fundamental en este proceso.

Ψ *Apoyo u obstáculo de los familiares para la cura del paciente internado*

Habrá que considerar que, en ocasiones, la situación de angustia desencadenada afectará y podría ser un obstáculo para con el personal médico, constantemente acosado con demandas legales, amenazas o culpas injustificadas de origen religioso o exigencias de familiares, que mermarán dicho trato y donde ambas partes se necesitan.

Hasta ahora, de manera casi absoluta, sí existe la presencia de capillas religiosas o bien, símbolos religiosos tanto dentro de los cuartos de los internos como en los espacios destinados para los familiares. Esto constituye un elemento necesario para la estancia de los familiares, pacientes y personal médico que está involucrado en la situación, pero sobre todo deja la claridad de la necesidad vital de considerar puntualmente la participación del personal necesario que pueda sopesar y darles cabida a las subjetividades de las demandas emocionales (conscientes o no) de los pacientes y sus familiares, especialmente en el área de las UCI. Así, solo la religión se acerca a ellas.

ψ *Desconocimiento ante la situación psicológica, específicamente angustia de muerte, por parte del personal médico*

Es relevante enfatizar el desconocimiento de la *Angustia de Muerte* desencadenada en los familiares del paciente de la UCI, ya que esta puede producir comportamientos agresivos en la relación, logrando así activar defensas más primitivas que puedan terminar en un maltrato o abuso emocional para con los familiares. Excusados en la premura o en su constante necesidad de hacer del sujeto un cuerpo orgánico, biológico, los médicos suelen dar informes cargados de una excesiva frialdad que puede sobrepasar el límite del tacto, en abrumadora arrogancia, indiferencia, sin tener reparo en los individuos sujetos de deseos, que aún lo siguen siendo en esencia. De lo contrario, estarían tratando con otro tipo de ente.

Pero habremos de considerar que dicho fenómeno hospitalario también desencadenará la *Angustia de Muerte* en el mismo personal médico encargado de las UCI. Hay que considerar también que la cotidianeidad es un estado que Heidegger (1997) pone en el estatuto del mundo de vida del ser, y que posiblemente se vea trastornado y, en ese sentido, perdido en su unicidad; es cuando ese ser ve las cosas como ajenas a él mismo;

"semejante cosa puede estarle ciertamente rehusada al <<ser ahí>> del caso por la que se refiere a él mismo: tanto más incisiva es, empero, la muerte de los otros". (p. 260); esto lo hará también parecer o ser más frío de lo que suelen ser los médicos en general; recordemos que también son los propios médicos quienes deben permanecer en una constante hiperestimulación, así como en contacto con los cuerpos biológicos que implican de manera, conciente o no, la facticidad mortal de todo ser vivo.

El personal médico de la UCI, que está en contacto directo con el familiar, debería de conocer que este último enfrenta de una manera abrupta una situación que escapa de toda posibilidad de adiestramiento sencillo.

El avance de la ciencia contemporánea que da cabida a los planteamientos alejados de la tradicional cientificidad positivista, donde la subjetividad es la categoría necesaria de estudiar, digamos, el elemento vital cuando de humanos se trata, sería como avalar la importancia de muchos conocimientos antes negados —descartados por lo que en su momento fue un modo único de vivir; modo que consentía, entre otras prácticas, el estudio científico usando personas, el castigo cruel al infante en "pos de su educación", el obstáculo al estudio a partir de situaciones donde es imprescindible la perspectiva de género, solo por mencionar algunas.

Considerarlo implicaría quizá no necesariamente abordarlo, pero sí facilitar o fomentar el abordaje de dicha situación por algún agente calificado.

Capítulo 1 La angustia: aportaciones filosóficas y psicoanalíticas

Los conceptos de diversas disciplinas científicas surgen de las reflexiones filosóficas; aunque no siempre es necesario recurrir a estas, sobre todo cuando el proceso de modernidad ha modificado o trascendido ciertos conceptos, sea por sus aportes o sus prácticas.

Sin embargo, en este caso, lo que hay que considerar son aspectos importantes de clarificar. Primero, la ciencia de corte positivista sigue siendo eje de muchas disciplinas, la psicología no queda exenta: busca y se siente comprometida con proporcionar datos cuantificables, *test*, pruebas psicométricas, tratamientos con tiempos delimitados y definidos; la medicina, por su parte, quizá con mayor indiferencia, se desliga de la premura por evidenciar si un fenómeno es tal o cual y, en segundo lugar, la vida común, verificada en el "vox pópuli" se adjudica afecciones y ubica sensaciones a diestra y siniestra.

En este caso, nos referiremos específicamente a la necesidad de ser rigurosos con ciertos conceptos y fenómenos, que no pueden, y seguramente como expresara Freud (1996), jamás podrán ser rebasados ni mucho menos superados: la angustia, la muerte y la angustia de muerte.

Los aportes filosóficos brindan claridad y profundidad sobre la distinción entre miedo, temor, muerte, angustia y angustia ante la muerte. Ello a su vez nos ayudará a desarrollar los tres últimos conceptos.

1.1 Kierkegaard: base del concepto de Angustia

La historia del conocimiento de las pasiones o las afecciones del alma, bien llamada actualmente *psique*, ha sido cosa por demás compleja, desde sus inicios con los filósofos griegos hasta la actualidad.

El debate de si se puede estudiar científicamente los fenómenos carentes de tangibilidad, dimensiones corpóreas o manipulables es una aparente deuda que persiste con fuerza a la fecha. Al ser la ciencia positivista una que arrasa con el reconocimiento social y la practicidad de la evidencia cuantificable, las ciencias que se encargan de generar conocimiento a partir de los hechos subjetivos, reales y concretos, pero no corpóreos, parecen estar en deuda constante con el conocimiento y su veracidad, o quizá, con la aceptación de los ciudadanos comunes.

La Angustia es un concepto que ha sido trivializado a un nivel tan amplio, que cualquiera puede identificar la palabra y usarla en tantos sentidos como la premura lo exija. El sentido diverso generalmente coquetea con uno más complejo: "algo que parece atacar al sujeto."

Para fines concretos de este trabajo, se propone enlazar el concepto de Angustia con el sentido que tiene dentro de los espacios hospitalarios de las Unidades de Cuidados Intensivos (UCI). La necesidad, o necedad de la autora, radica en los amplios y constantes cuestionamientos hasta ahora recabados en lo que va de esta investigación.

Kierkegaard tiene un objetivo específico al abordar el tema de la angustia, y en todo este recorrido hay un constante reclamo o un llamado a la psicología para evidenciar sus limitantes. Ubiquemos el periodo de los años 1813–1855: entonces, Freud estaba lejos de desarrollar el psicoanálisis;[20] pero es de las reflexiones filosóficas de donde se apoyará para darle cabida al desarrollo de diversos conceptos. En este caso, será necesario hacer hincapié exclusivamente en los aspectos que podrán ayudar a dar soporte al concepto de la Angustia y su correspondencia dentro de las UCI.

Kierkegaard hace constante referencia al movimiento como característica esencial de lo humano. El

20 ...desde marzo de 1884 hasta julio de 1885, Freud realizó diversos trabajos de investigación con la esperanza de hacer algún descubrimiento de valor, y con la colaboración de algunos colegas... (Jones, E. 2003, p. 198)

movimiento y la elección son parte fundamental de la libertad implicada en todo lo humano; es el obstáculo presentado a este para ser libre, lo que según Kierkegaard se presenta como Angustia.

Así, mientras que la situación hospitalaria en general tiende a dar diagnósticos y tratamientos relativamente concretos para procurar la salud, la situación de la UCI es indeterminada por su complejo movimiento, protocolo y la incapacidad de la ciencia para alcanzar su objetivo. Recordemos que para este trabajo se ubicará a los familiares de los pacientes que llegan a esta situación de manera imprevista, la cual se agrava pues lo inesperado, lo súbito, exige un reacomodo integral.

Dicha situación se tiende a vivir como un evento violento; se presenta como amenazante a los acompañantes del que ya es intervenido de un modo excesivamente invasivo. La imagen perceptual suele dejar poco campo para evitar pensar en la mortandad del familiar internado; el aislamiento preocupa y genera incertidumbre, la situación se agrava psiquícamente cuando al cuestionar al personal médico sobre la salud del paciente viene la información más difícil a enfrentar: no es palpable, ni para el médico, saber lo que sucederá. No hay nada, la UCI no es la muerte determinante o la discapacidad de alguna función orgánica. El pronóstico es incierto, la situación de ver al familiar en un estado físico tan irregular solo reflejará la ignorancia tanto para la psique humana como para la ciencia médica.

La situación de facto manifiesta la incertidumbre que quizá los mismos médicos no desean enfrentar. Es en ese momento cuando la síntesis que realiza el hombre, según Kierkegaard, donde se unen "cuerpo y alma", el médico procura "disociar" para trabajar, de manera consciente o inconsciente. ¿Será que es su angustia o la angustia en general con la que no pueden trabajar? Menciona Kierkegaard (2013): "...En la angustia se anuncia aquel estado del cual el individuo desea salir, y precisamente se anuncia porque el solo deseo no basta para salvarlo". (p. 131).

Todos han perdido "algo", si ubicamos esto de acuerdo con Kierkegaard respecto de su noción de *libertad*, o *evento libertad,* donde se puede elegir algo; en cambio, en la situación de la UCI, los familiares de los pacientes poco pueden elegir. La situación de libertad se ha perdido. Lo real pareciera desvanecerse dada la dificultad que implica enfrentar la cantidad de "sobre-estímulos" que han devenido al mismo tiempo.

Enunciar la situación vivida en las UCI implica aceptar esa realidad desde las más comunes expresiones, "no queda de otra", se está ahí y será el evento por seguir; sin embargo, aceptarlo no resulta viable, la conciencia, la voluntad, parecen desterradas. Los sujetos suelen reaccionar de un modo no tan inmediato, o bien, como dice el autor, tendría que existir un evento *intermedio* para poder "reiniciar." A diferencia de la reflexión filosófica contenida en el libro *El concepto de la angustia*, la situación en las UCI es que no hay tiempo que espere. No se trata de una situación óntica donde el ser se constituye, por lo menos no en los términos de un desenvolvimiento de lo cotidiano: la realidad apremia en otra dimensión. Se debe hacer algo al tiempo que las mismas necesidades hospitalarias lo requieren; aun cuando el familiar ignore o carezca de toda capacidad para reaccionar deberá hacerlo.

Las especulaciones podrán tener cabida para sostener la importancia de interpelar la indiferencia o ausencia de trabajo para con estos familiares; por ejemplo, al ser la ciencia una construcción humana de manera práctica, ayudada de la técnica, y también histórica, se ha visto imposibilitada de adentrarse en un terreno tan complejo y desestabilizador como es pensar en la *Angustia* como un elemento fundamental a atender.

La ciencia médica es ejercida por médicos, quienes suelen ser indiferentes a este evento. Las razones son diversas y, si bien algunas son inaceptables, podríamos suponer que varias de ellas son no solo aceptables sino hasta necesarias, pues ellos deben decidir e intervenir bajo muchas presiones y exigencias tanto sociales como personales y hasta políticas internacionales.[21] Sin

21 Es necesario reconocer que, en los últimos tiempos, son las

embargo, este trabajo dista mucho de ser un esfuerzo por cuestionar al humano y su constitución: es, en todo caso, un esfuerzo por indagar y llegado el momento, sustentar que ahí se vive "angustia" y, enseguida, la importancia o no, de poder abordarla y de encontrar el agente posible de dar cuenta de ella.

Habrá entonces que enfatizar que en esta situación hospitalaria el paciente internado es atendido de un modo emergente, urgente, e intervenido masivamente con un grupo médico de alta especialidad. Es común encontrar a los pacientes internados en las UCI anestesiados a tal grado que serán los familiares quienes tendrán que cuidar desde afuera, y con los protocolos legales debidos, ante toda acción que se proponga realizar en las UCI. Dada la situación de constante emergencia y urgencia, lo primero de lo que el familiar se verá privado es de su descanso; para nosotros será fundamental mencionar tanto el físico como el emocional. La libertad queda atrapada, trabada. Como posibilidad, pero sin desarrollarse.

No solo en la situación de tener que privarse de cualquier actividad lúdica recreativa, sino también emocional. No hay manera alguna de que tenga seguridad o algún

---

presiones legales las que imprimen tal postra a los médicos pues las demandas han aparecido en forma creciente. Este terreno incluso coloca la separación profunda de la relación con los familiares. Cosa de investigar más, pero por el momento se deja de lado; solo señalamos la presencia de este elemento.

objeto a verbalizar; constantemente se le va a recordar que el paciente internado tiene cierta la vida y la muerte. El diagnóstico mismo suele ser también incierto y la atención al familiar en este caso tan específico queda anulada, ignorada o postergada.

En cualquier tipo de hospital que se tenga esta situación el costo económico suele ser complicado de enfrentar; las familias deberán reorganizarse e iniciar un "listado" muy grande y complicado sobre lo que se deberá hacer con sus vidas cotidianas, como: el trabajo, la higiene personal, los descansos, el alimento, los cuidados de seguridad e higiene, por mencionar algunos. Sobre todo, deberán firmar constantemente decisiones sobre la vida o la salud de su familiar internado de manera urgente y súbita. La situación les tensa, están, pero a disposición de sus familiares; la angustia domina los escenarios, de cada uno, y, además, de todos. Movimiento sin fluidez, trabado.

Hay que mencionar que dichas situaciones, dependiendo de la capacidad de cada individuo o familia, se verán entorpecidas pues pueden no preverlas o desconsiderarlas dada la situación tan delicada y compleja que ahora deben abordar. Es decir, el familiar no ha perdido la potencial facultad de elección; no ha quedado lesionado en ningún sentido físico, pero sí en su constitución humana, misma que si dependiera solamente de su corporeidad biológica, no sería suficiente para considerarse humana; mucho menos es, en ese momento, un humano con capacidad de elegir.

El médico, sin embargo, y el personal hospitalario, lo tratarán como si dicha facultad siguiera activa y sin afectaciones importantes; no dudamos que son también estos agentes interpelados por la angustia constante por los que médicos y personal han tenido que desarrollar un modo de sobrevivencia que suele presentarse como "frialdad" y constante "crueldad" para con los familiares.

Si podemos afirmar que los ejemplos a mencionar implican la necesidad de liberar o disminuir la angustia del familiar —dado que es vital elegir, tomar decisiones aun cuando no se esté preparado para ello, independientemente de los anhelos de sacar fuerzas o pedir socorro— entonces se considerará necesario pensar en el modo ideal o posible de agilizar este proceso o solo disminuirlo.

Hasta ahora, el aporte es claro: la angustia, desde un enfoque filosófico, implica la nada y con ello se queda trabada la libertad, la incapacidad de elección de quien la padece. Asimismo, será importante resaltar que es la angustia una categoría totalmente distinta del miedo, pues en aquella no hay un objeto real (sea o no materializable), mientras que el miedo al tener un objeto real materializable se podrá abordar con otras herramientas. El vínculo en las UCI resulta ahora evidente. Es el familiar quien debe decidir, es el médico quien requiere que el familiar decida y es esa dupla la única alternativa que necesita el paciente para poder avanzar; ignorarlo implica un error, adentrarse en eso tendría que ser un trabajo de la ciencia y la historia.

> Cuando la carga se liga a una representación estamos en el terreno del sentimiento, del afecto cualificado, y ahí es donde ubicaremos el miedo. Esta es la diferencia entre la angustia (carga descualificada que emerge) y miedo (afecto ligado a una representación); es una forma de simbolización mayor que posibilita la relación entre el afecto y la representación, es decir, el miedo es aquello que permite una simbolización, ya que el sujeto sabe a qué le teme. Volviendo al problema de la disociación entre el afecto y la representación, digamos que jamás la catarsis sería la emergencia de un afecto puro, sino el emplazamiento de un afecto que se liga a un tipo de representación. (Bleichmar, 2010. p. 23-34).

El psicoanálisis lo comparte y lo tiene claro: ¿a qué le teme el familiar? No sabe y no puede saberlo; por ello es importante enfatizar en la peculiaridad de la situación de cuando se tiene un familiar "sano", realizando sus actividades cotidianas y, de manera abrupta, se ve internado en las UCI.

***

Mariana es una paciente joven y tiende a ser inhibida; acude a consulta desde hace meses. Un día, de manera inesperada, sin dar muchas explicaciones, envía un mensaje diciendo que no puede presentarse a la sesión: un accidente terrible le ocurrió a un tío suyo.

La semana siguiente, ella aún alterada, con un discurso difuso y una conducta igualmente alterada (tocarse el cabello, moverse constantemente), me comenta lo sucedido.

Su tío se había ido de viaje a Canadá. Él acababa de tener una discusión con su pareja y había decidido ir a este viaje solo; allá, él acude a un evento de ciclismo por única vez. No había pagado el seguro de gastos médicos, pues dijo que el cobro de este "sale muy caro" y nunca lo usa. Su tío, expresa, es muy atlético y siempre cuida mucho su salud.

Estando en el viaje, mientras hacía ciclismo, sufrió un accidente. Una rama le cayó encima y sufrió una lesión en los pies. Es llevado a un hospital canadiense y la familia se entera que se encuentra en Terapia Intensiva.

Ella, con llanto entrecortado, me dice que el tío no se va a recuperar de esta; además le da coraje que el novio de él ahora no lo va a apoyar. La familia debe cubrir los gastos médicos y ella está convencida de que su tío no va a querer vivir sin poder hacer ejercicio.

Su discurso es más bien desorganizado y encimado.

No la detengo.

Me dice que, además, es una tontería estar pensando en su pareja (motivo de la consulta), porque es una tontería.

No entiende cómo le pasó eso a su tío, no saben cómo se van a organizar y, ahora, todo esto que a su vez le está sucediendo a su papá.

Cuando logra hacer una pausa le pregunto por lo que le han dicho los médicos; dice que bien no sabe porque solo han hablado con un tío que ya está próximo a viajar hacia allá, pero no entiende bien.

Inicio entonces con algunas preguntas:

—Entonces, ¿no sabes?

—No, en realidad.

Sigo con preguntas concretas.

—¿Tu tío está conciente?

—Creo que no.

—Entonces, ¿no sabes si él va a querer vivir?

—No.

Puntualizo sus inquietudes: el novio que no lo va a apoyar, 'el porqué le pasó eso', la relación que ella ve, no haber pagado el seguro de gastos médicos, la situación familiar, las ganas del tío de querer vivir a pesar de las posibles limitantes físicas, etc.

Cuando terminamos la sesión ella estaba más organizada, y menciona: pues sí, no sabemos realmente.

Llora y empieza a ordenar las cosas que le han pasado.

—Voy a preguntar sobre lo que le han dicho los médicos, para saber bien cómo está.

Luego de ello, el tío fue trasladado en avión a la CDMX; se encuentra en un hospital privado. Está agradecido y convencido, según el discurso de la paciente, de que quiere vivir "a como dé lugar." Finalmente, su novio fue con él a Canadá, y después continuó apoyándolo.

El padre de *Mariana* se está haciendo cargo de los gastos médicos y esto mantiene en tensión a su familia, pues nadie (dice ella), los está apoyando (2018).

Cabe mencionar que *Mariana* no sabe lo que son la UCI, no se lo aclaré puesto que no resultaba necesario en ese momento; lo que es fundamental es lograr apaciguar la angustia de muerte.[22]

Se evidencian varios elementos que se abordarán más adelante, entre ellos: sus fantasías omnipotentes, su propio narcisismo y la pérdida de la protección paterna.

> Conservemos esta idea de "libido inempleada" en aras de pensar aquello que se produce en momentos traumáticos: el sujeto es sometido a un cúmulo de excitación endógena, efecto de la transformación de cantidades exógenas fluyentes que se transforman y alteran toda economía libidinal arrastrando, en sus movimientos de descarga, sistemas de representaciones hasta el momento desactivados. (Bleichmar. 2010. p.141).

Presumiblemente, el tratamiento médico que recibe el paciente internado es adecuado; él sigue su proceso de recuperación. Aún no saben las secuelas que el accidente dejará, pero el caso nos ayuda a observar la aparición de la angustia. Aun así, hay que aclarar que no será *Mariana* el caso central de este trabajo puesto que no sería la

22 El trabajo con ella sigue actualmente; el tío, si bien es importante, no es el eje de las sesiones analíticas.

persona ideal para estar a cargo del internado; no cuenta con la edad suficiente ni con la posibilidad de asumir los gastos económicos ni emocionales que deberán enfrentar los familiares directos. Sí ha mencionado que su padre se ha estado peleando por "casi todo" y que, al estar a cargo de los gastos, se han acentuado las discusiones dentro de la familia.

1.2 Heidegger: la Angustia *ante* la muerte

La vida de todo ser humano dotado de conciencia implica alguna noción de su finitud corpórea; esta idea no será jamás producto de su absoluta voluntad, pues como bien menciona Alizade (1995): "Los idearios de la muerte comprenden ideas y los afectos que determinado contexto sociocultural engendra respecto de ella" (p. 19). La cuestión de cómo se imagina un sujeto este evento o cuáles son sus creencias espirituales, religiosas o teóricas, no serán el centro de este trabajo, sino de lo que produce la angustia de muerte ahí presente.

Lo fáctico es que el ser humano está implicado en la dupla vida-muerte; dicha situación lo pone en una especial cuando se presenta el conocimiento negativo de dicha afirmación, pues bien, de la vida puede tener un vasto conocimiento. Si bien no se puede sopesar este conocimiento como finito, se mantiene la experiencia tanto teórica como empírica de esta situación. La vida es tanto lo vivencial del sujeto particular como su testimonio de la historia, la herencia e incluso el devenir. Pero ¿Y la muerte?

De la muerte se sabe sin saberse. Heidegger (1997) se mantiene claro: el sujeto "está ahí", vive, realiza sus actividades, pero de manera integral está implicada su completud, no por las acciones que realice, como suele decir la gente desde el terreno de lo "popular", que en Heidegger sería "el uno." Su completud óntica se logra exclusivamente cuando él muere. Sin este fenómeno aún el sujeto está "en falta" de su muerte propia. Los médicos de las UCI y la familia que vive cercana a este suceso se enfrentan a uno de los acontecimientos donde se presenta lo más cercano, irremediable, de la muerte.

El enfrentar dicha situación nos compete a todos los humanos, pero vivirlo de manera constante sería insostenible para poder actuar y participar de la vida, de la vida en sociedad, sobre todo. La necesidad implica abrazarse de lo cotidiano, saber e ignorar o, mejor dicho, saber que uno muere, pero reprimir y pasar a lo inconsciente dicha información. Esta será la vía idónea para poder ejecutar las demandas sociales y personales que se imponen.

La publicidad del cotidiano "uno con

> otro" "sabe" de la muerte como de algo que hace frente constantemente, como "caso de defunción". Este o aquel, próximo o lejano muere. Día a día y hora a hora "mueren" desconocidos. "La muerte" hace frente como sabido accidente que tiene lugar dentro del mundo. En cuanto tal, permanece en el "no sorprender" característico de lo que hace frente cotidianamente. El uno se ha asegurado una interpretación también ya para este accidente. El habla expresa o más bien por lo regular elusiva, "fugaz", dirá de él: al fin y al cabo también uno morirá, pero por lo pronto no le toca a uno. (Heidegger, 1997. p. 276).

Así, actuamos diariamente, sabemos cognitivamente sin un esfuerzo grande que podemos morir, pero bien menciona Heidegger, ese día, momento o segundo que es cualquiera, implica que es ninguno. Se vive, se sigue. Saber este evento nos rebasa, no se requiere de mucho tiempo en el mundo para tener noción de "la muerte."[23] La propia y la ajena, pero el evento mismo se pospone

23 Sztajnszrajber, D. (2016) menciona que incluso la manera cotidiana de hacer referencia ante la muerte es la muerte, poniéndose el énfasis ante la incapacidad de realizar la oración de: mi muerte; en cambio, sí se menciona: mi vida.

mentalmente todo lo posible.

Este trabajo nos lanza a investigar sobre ese momento, al terreno donde no se puede postergar ese instante. Cuando aparece de improviso la situación de las Unidades de Cuidados Intensivos, ese "algún día" se borra y, frente a nosotros, aparece "el día de hoy", "en este momento", "ahora mismo."

Las barreras creadas para evadir dicho evento se ven fragmentadas y totalmente debilitadas ante el hecho contundente de los espacios de las Unidades de Cuidados Intensivos; todos, médicos, enfermeros y el paciente, si es que está conciente, deberán enfrentar esa situación, los familiares también.

Si el evento lo tienen que vivir todos, ¿por qué profundizar en el trato específico de los familiares? Las repuestas ante dicho planteamiento pueden ser variadas.

Inicialmente, porque la investigación surge de una inquietud personal, de una vivencia donde mi padre es ingresado a las UCI, y de mi incapacidad de vivir ese espacio sin cuestionármelo.

El enfado y la rabia del aparente maltrato me llevó a buscar alternativas para modificar dicha situación, proponiéndola como un posible espacio a investigar. Tuve que elaborar inicialmente mi sentimiento de enfado e impotencia para así adentrarme a indagar qué fenómenos se presentaban ahí.

El descubrimiento inicial, por increíble e inocente que parezca, fue el darme cuenta de que los médicos ya tienen varias batallas por emprender; desde el inicio de su carrera las exigencias suelen ser excesivas, pero a lo largo de su formación estas se van incrementando. Se habla incluso de maltratos tanto físicos como psicológicos. Sin embargo, en ello no me detendré; pasan por una situación similar las enfermeras. Específicamente en las UCI la situación se vuelve más crítica para todos ellos.

Al dar cuenta del fenómeno de la *Angustia ante la Muerte* es evidente que ellos también la deben enfrentar, posiblemente en su mayoría tienen que negarla o inhibirla de diversas maneras; la más común y viable sea quizás evitando hacer de ese sujeto, del enfermo, un ser humano. Es decir, ponderar a dicho sujeto como un ser "biologizado", ajeno y distante, con el cual, diría Heidegger, puede relacionarse en ese "uno a uno"; donde no veo que hay un ser (que como yo) puede morir, sino un organismo escindido poco, o quizá nada, parecido a mí de manera integral. Así quizá pueda vincularme con él.

Pasará relativamente lo mismo con las enfermeras; habrá que hacer hincapié en que estas, por protocolos universales, no pueden tener contacto con los familiares.

En el transcurso de la investigación fue evidente la

diversidad de estudios que hay en relación con dicha dupla. Médicos y enfermeras han sido estudiados y, en algunas investigaciones, hasta comprendidos. Incluso en esta investigación se ha comprendido y hasta determinado que no puede existir, por ahora, un sustento constitutivo que exija que ellos tengan un trato diferente con los familiares, o bien, con el paciente. Es incluso viable considerar la emergente necesidad de generar una instancia capaz de ayudar a médicos y enfermeras, apoyando al familiar para que así ellos se dediquen únicamente al cuerpo biológico, comprometido con la vida misma.

Sobre los pacientes las investigaciones son diversas; pero, sobre todo, habrá que considerarse que, dado el nivel de gravedad del internado, los tratamientos suelen realizarse en un estado tal de sedación que será imposible afirmar si el paciente está o no siendo maltratado.

Este no deja de ser un campo importante en el que varios psicólogos y psicoanalistas abordan la situación delicada y necesaria a tratar en la dupla con los médicos. Podríamos hasta considerar que hay bastante aceptación social en el tema y quizá hasta posibilidad de financiamiento, sobre todo en cuanto a la capacitación que pueden tener las enfermeras de dichos espacios, o los camilleros que deben mover constantemente a los pacientes severamente intervenidos.

Lo que hasta ahora ha arrojado esta investigación es la aparente indiferencia que hay para con los familiares de los pacientes internados en las UCI.

Estos últimos, bajo las condiciones que la institución hospitalaria les imponga, tendrán que enfrentar dicha situación; ante sus ojos tendrán la experiencia más cercana de saberse mortales. Dando cabida no al miedo, sino a la angustia.

El "ser ahí", es decir, "ese" que somos todos, cualquiera solo por hecho de vivir, de comprender sea llana o profundamente las relaciones sociales y culturales, de vivencias y convivencias, lo hacemos diariamente con ese sentimiento de "estar vivos." Ya sea por algunos momentos con padecimientos o con alegrías, negamos constantemente en el acto —que no necesariamente en el intelecto— que "moriremos" en un instante cualquiera. Es una necesidad para poder continuar con la vida, con las acciones para enfrentar las demandas sociales y personales.

Para fines de esta investigación el foco se centra en aquellos familiares que viven de manera súbita y novedosa la experiencia de tener a un paciente interno en las UCI. Es evidente que *la angustia ante la muerte* no viene necesariamente del familiar que ya ha pasado por esta situación, o bien, podría ser diferente en cualidad del que sabe que su familiar de manera programada caerá en esa situación. Por ello en este texto nos centramos en aquellos familiares que se ven sorprendidos, en su cotidianeidad, en una emergencia donde, sin aviso de ninguna índole, su familiar es internado en las UCI. Entonces su capacidad de afirmar vagamente, como diría Heidegger, "uno morirá", se rompe abruptamente y se dirige a la inevitable afirmación de la muerte, de ese evento que fáctimente nos implica todo y, al mismo tiempo, nos dice nada. Es entonces cuando la angustia se presenta en su manera más radical: la completud del humano, un proceso de índole dialéctico que se completa porque se ha de morir.

Se trata necesariamente de la angustia *ante* la muerte, pues, como podrían afirmar tanto Freud como Heidegger, no habrá manera de tener un representante cognitivo o empírico de lo que implica ese estado, queda representado por la nada.

> La sonora frase <<Toda angustia es en verdad angustia ante la muerte>> difícilmente posea un sentido y, en todo caso, no se la puede justificar. Más bien me parece enteramente correcto separar la angustia de muerte de la angustia de objeto (realista) y de la angustia libidinal neurótica. Aquella plantea un serio problema al psicoanálisis, pues <<muerte>> es un concepto

> abstracto de contenido negativo para el cual no se descubre ningún correlato inconciente. El único mecanismo posible de la angustia de muerte sería que el yo diera de baja en gran medida a su investidura libidinal narcisista, y por tanto se resignase a sí mismo tal como suele hacerlo, en caso de angustia, con otro objeto. Opino que la angustia de muerte se juega entre el yo y el superyó. (Freud, Tomo XIX, 1996. p. 58).

Será pues, en está aportación freudiana, que se buscará el vínculo con la situación de la UCI. Es en este momento donde el familiar recibirá constantemente la información donde la posibilidad de muerte de su pariente se acerca; inconscientemente intentará hacer una relación entre el "concepto muerte" y su situación concreta. El concepto mismo no ofrece alternativa alguna; es importante enfatizar que esto está más allá de las creencias personales, de la formación académica o las actividades a realizar, es decir, ningún ser humano puede tener una conceptualización de la muerte más allá del referente que tenemos ante el evento.

Los conceptos ante la muerte podrán variar a partir tanto de las creencias como de las diferentes posturas científicas. Se puede, así, concretamente hablar desde la biología de un cuerpo vivo que ha perdido todas sus capacidades de funcionamiento, incluso cuando se alude una pérdida parcial de las funciones vitales, como es el caso de los cuerpos que permanecen en estado vegetativo. Esto principalmente cuando se habla de muertes cerebrales o cuando el cuerpo está en tal situación que ha perdido toda posibilidad de recuperación —se trata de un momento crucial para la medicina contemporánea pues es donde la donación de órganos se puede hacer—, evidenciando asimismo la muerte integral de aquel que llamamos "ser humano."

Habrá religiones y diversas culturas que podrán hablar de la "vida después de la muerte", "vidas mejores" o "almas que ahora se encuentran en estado de libertad", etcétera. Lo que es cierto es que la muerte en sí misma es un concepto que se extiende solo en idea de ausencia, como tal es imposible que podamos tener una conceptualización cognitiva de la muerte misma. Se vive constantemente como algo que aterra por su inevitabilidad, pero no podemos conceptualizarla cognitivamente. No hay representante como tal del concepto mismo.

El médico, aunque sea reiterativo, no puede ser considerado alguien ajeno al evento de la muerte y su incognoscibilidad; y será también objeto de las demandas culturales que se le confieren en su papel, sea porque se espera que <<salve al enfermo>>, sea porque se le condene como <<matasanos>>.

1.3 Psicoanálisis: Angustia *de* muerte

Para el psicoanálisis está claro que la muerte como tal no puede ser un objeto de representación inconsciente, por ende, al ser inteligible tendremos que considerarlo lo más cercano a la castración; es decir, frente a la pérdida o separación de algún objeto libidinizado, se corre el riesgo de una pérdida o retirada narcisista de amor o de protección. Podríamos especular que, si no se tratara del fenómeno de la muerte, quizá la situación pudiera ser otra, es decir, la representación psíquica para las personas sí tiene implicaciones sustancialmente diferentes.

Aunado a ello, el psicoanálisis marca una clara diferencia entre la angustia, el miedo y el terror; de las tres afecciones es la angustia la que tiene especial relevancia en este trabajo.

La angustia pudiera ser fácil de confundir sin un análisis a profundidad. Sin embargo, dada la situación específica de las UCI, es importante considerarla como prioridad a abordar.

La angustia para el psicoanálisis tiene algunas acepciones:

> [...] De estos tres linajes de ansiedad: a)

> la angustia del encierro en el "adentro"; b) la angustia ante el cambio, y c) la angustia ante la ilimitación en el vacío del "afuera" decía que eran los moldes arquetípicos (y como tales irreductibles a una raíz unitaria) de la vivencia de miedo. [...] Así la muerte será fantaseada —directa o simbólicamente— como regresión intrauterina o reinfetación, como tránsito o mudanza y como desintegración o locura (Abadi, 1973. p. 130).

Para el familiar de la UCI se vive una situación que la autora plantea desde las consideraciones psicoanalíticas. Recordemos a la muerte como concepto de finitud, de la cual no podemos de ninguna manera tener representaciones psíquicas; en dado caso solo queda un "vacío". Pero en estos espacios, en las UCI, es además importante mencionar la incapacidad de poder identificar algunos límites en tanto no hay diagnóstico posible ni horarios establecidos. La estructura queda fracturada al exterior y al interior. Al vacío ante la pérdida se suma el vacío de palabras, Bleichmar (2010) lo clarifica de un modo muy sencillo: al estar la angustia desligada de una representación se manifiestan todos los síntomas que aparecen entre lo psíquico y lo somático, las palpitaciones en el pecho, manos sudorosas, agitación física, de algo que conocemos como "nudo de garganta"; justo ahí ha quedado algo que atora y no permite simbolizar ni apalabrar.

Si bien la muerte misma es un tema inabordable en sí, pudiera ser que existan situaciones a las cuales apelar y mencionar que los sujetos no necesariamente caen en angustia, como pueden ser los estados de pacientes con enfermedades terminales, o bien, cuando de manera imprevista, los médicos, al menos, los desahucian y tanto estos como la familia saben que lo siguiente es la muerte. Si bien esto no es tema del presente trabajo, es importante mencionar la relación y relevancia de la situación de la UCI, pues lo último que pueden mencionar los médicos es un diagnóstico tan concreto como aquel. La situación aquí queda "abierta"; "nadie sabe" y, lo que es peor, no se puede siquiera suponer. Dos situaciones por demás complejas que dejan al paciente abierto, expuesto a la angustia.

> El superyó subroga la misma función protectora y salvadora que al comienzo recayó sobre el padre, y después sobre la Providencia o el Destino. Ahora bien, el yo no puede menos que extraer la misma conclusión cuando se encuentra en un peligro objetivo desmedidamente grande, que no cree poder vencer con

> sus propias fuerzas. Se ve abandonado por todos los poderes protectores, y se deja morir. Por lo demás, esta situación sigue siendo la misma que estuvo en la base del primer gran estado de angustia de nacimiento y de la angustia infantil de añoranza: la separación de la madre protectora. (Freud, Tomo XIX. p. 59).

Tengamos en cuenta que el hospital tendrá una función inconscientemente depositada de dicha necesidad protectora por parte de los afectados. Adicional a ello, la ligazón que de manera inconsciente se logra en otras situaciones acá quedará "libre"; recordemos nuevamente que la "muerte" es imposible de representar, en dado caso se pueden hacer relatos o imaginarios de aquella, pero es imposible tener "algo" que nos pueda evitar la angustia resultante. En otros casos, aún más regresivos, se intentará hacer el movimiento de violencia tal que esta será solo adecuada para ser evacuada; se pondrá afuera una agresión desmedida en un esfuerzo por no tener que quedarse con algo que no se puede elaborar. Según Bion (1977), lo anterior implica considerar que, cuando M. Klein habla de un "exceso" de identificación proyectiva, hay que considerar también una excesiva creencia en la omnipotencia. Así, esa instancia "protectora", "salvadora", pero también demandante, quedará en una situación "desbalanceada" y se volverá constantemente más amenazante. Será sinónimo de la muerte al acecho.

> … Bion plantea que para aprender de la experiencia, la función debe operar sobre la captación de la experiencia emocional. Esto quiere decir que la experiencia en sí misma no es algo que nos permita el aprendizaje, sino algo que debe ser captado, simbolizado, estructurado. (Bleichmar. 2010. p. 59).

Por ello, es sustancial identificar y darle especial atención a la angustia de muerte, principalmente porque, al presentarse la posibilidad misma, sobre todo de un ser al que se le ha libidinizado —donde también está en juego el narcisismo y las fantasías omnipotentes— el familiar queda en una situación especialmente crítica y delicada. En este espacio los adultos serán los únicos posibles encargados; y uno podría suponer (aunque existan sus excepciones) que estos han logrado superar la manera primaria en que se veían invadidos por la angustia infantil que, según Freud, se presenta a manera de descargas vegetativas involuntarias. Sabemos que esta se extiende cuando, por ejemplo, el sujeto se siente rebasado e imposibilitado de poder controlar determinadas situaciones; Freud no se refiere necesariamente a la muerte, pero sí la implica.

La obra freudiana nos va a demostrar en su recorrido, principalmente en Más allá del principio del placer, que la vida es en realidad la manera en que postergamos y llegamos a la muerte. De manera más o menos consciente, más o menos neurótica, lo humano es propiamente simbolizar y postergar ese destino.

Esta situación se extiende a los médicos, quienes como representantes culturales de una función superyóica quedarán constantemente rebasados; también ante sus ideas omnipotentes, en este caso, por su mismo narcisismo, la propia castración y por sus ideas depositadas en la ciencia positivista.

Dicho de este modo, será posible observar el fenómeno desde otra postura más crítica. La vivencia misma queda subjetivizada por la sensación de hostilidad, se ponga en palabras o no. El respaldo del médico, familiar y del centro hospitalario, e incluso del paciente, hasta ahora ha sido la vía jurídica.

Sería pertinente poder analizar el fenómeno desde otras áreas y darle cabida a la posibilidad de otro entendimiento.

Es importante considerar que la angustia de muerte, en tanto sea elemento de un espacio donde dicha posibilidad es imperante, no se puede inhibir, mucho menos erradicar. También habrá que considerar que las aportaciones desde la teoría psicoanalítica distan mucho de incidir en la estructura funcional de las UCI: los protocolos en cuanto a los horarios tan limitados donde se les da acceso a las visitas, o bien, en cuanto a los tiempos para brindar información.

Lo que se pretende es, en dado caso, apaciguar esta angustia a través de información que permita la elaboración y, de este modo, un manejo óptimo para con el familiar que hasta ahora ha tenido que "sobrevivir" y someterse de manera constante a los maltratos, sean estos reales o fantaseados.

En último caso se buscaría abrir la posibilidad de que los médicos de igual manera sean beneficiados para la relación inevitable que deben entablar con los familiares, es decir, hacer esa experiencia algo menos traumática.

Es importante mencionar que, si bien los términos son diferentes, las aportaciones filosóficas tienen ciertos puntos de encuentro con el psicoanálisis, y desde ahí se podrá dialogar y enriquecer este trabajo. En ese sentido, se pretende hacer más llevadera la vida de los sujetos que inevitablemente se tienen que apegar, por ahora, a los reglamentos que, por tratarse de la UCI, necesitan seguirse con toda firmeza. Pero que también permitirá dejar abiertos algunos cuestionamientos en cuanto al manejo de los médicos, o bien, a sus exigencias.

Si bien las ciencias duras mantienen el estatus social y científico de la vida moderna, es labor de las diversas áreas de estudio decidir, incidir o no en su quehacer. Quizás este trabajo pueda abrir un señalamiento que ayude a todos los implicados a hacer de ese espacio un lugar donde el amparo no quede casi en su totalidad bajo las leyes jurídicas, que escapan por mucho a la ley de vida que implica lidiar con la angustia de muerte.

Capítulo 2 La Unidad de Cuidados Intensivos. Agentes y angustia

La ciencia médica suele estar encausada a investigar sobre datos duros; suele menospreciar o desestimar la subjetividad y el momento histórico en su devenir. Aquello que no pueda poner en el estatuto de lo materializable, en este caso orgánico, quedará relegado.

La muerte, para la medicina, suele ser la gran batalla a vencer, tanto por su sentido de curar y sanar al organismo, como por la pasión y el compromiso que tienen los profesionistas en el área para dar aportes de curas, prevenciones, tratamientos, diagnósticos o pronósticos sobre el cuerpo orgánico, siempre bajo el orden de lo mesurable.

Se les escapa, por negación, evasión o convicción, que el ser humano es difícil de definir en una sola categoría. Habrá disciplinas que lo cataloguen como: ser político, ser del habla, ser de la cognición; pero lo único que no es, precisamente, es un ser exclusivamente biológico. Así, el objeto de estudio del médico, especialmente dentro de la UCI, queda en el imaginario de algo que pretende ser tratado con las técnicas y el conocimiento "objetivo", para así dar mejores y óptimos resultados.

Aparentemente ha funcionado, sin embargo, es frecuente que la experiencia con el médico se viva como una relación "cruel y violenta." El apoyo jurídico se hace presente e igual parece funcionar, sin embargo, el de índole institucional o el abogado tampoco nos hablan y apalabran acerca de lo que hay detrás y encima de todos nosotros: la muerte y su angustia ante la muerte.

Entre más artificios, técnicas, conceptos se construyen alejándose de lo que sí se está presentando es muy probable que la persecución entre humanos no cese y *la dureza de la vida* solo nos demuestre en todo su esplendor cómo el aviso de su ausencia se manifiesta en todos como angustia; ante ello, consideramos que lo mejor es abordarla de manera integral. No hay ni habrá modo alguno en que alguien quede exento solo por tener determinada formación académica, creencias religiosas o espirituales.

2.1 El médico, su angustia *de* muerte

El médico, independientemente de su profesión, tras esa necesidad de portar su bata, de mostrar su seriedad o frialdad, es ante todo un *ser humano*, como cualquiera. El médico, de manera general, deberá siempre tener un compromiso con la salud, más allá del conocimiento específico del cuerpo orgánico. De igual manera deberá asumir una postura con el ente que frente a sí se presenta como su semejante y que es, ante todo, un ser humano, un sujeto implicado por su subjetividad y por los datos blandos, poco certeros, que abruman a la *ciencia dura.*

La situación de la medicina oscila siempre en este terreno: el cuerpo orgánico y el sujeto. Sobre todo en su historia y sus cimientos, mismos que se han forjado desde la estadística y desde la necesidad de dejar de lado las pasiones —campo abrumador desde los griegos, herencia que se sigue aun cuando se puede cuestionar cada vez más.

Son, pues, los médicos los que se enfrentan constantemente a la técnica de dividir a un objeto, su cuerpo, que implica al sujeto. Pero serán especialmente los médicos encargados de los espacios de las UCI quienes deberán cumplir con una exigencia mayúscula.

Por un lado, ese cuerpo que está excesivamente delicado e invadido artificialmente para poder mantenerle en vida. La estadística se verá rebasada por las exigencias sociales y particulares. Es en este espacio donde la invasión no se da solo en el paciente internado. La demanda social ha hecho que los médicos tengan que ser especialmente prudentes y abstenerse de dar elementos que no puedan ser respaldados por la estadística; entonces los informes se ven constantemente teñidos de datos mórbidos. Lo ominoso se presenta, como afirma Freud (1996): "A muchos seres humanos les parece ominoso en grado supremo lo que se relaciona de manera íntima con la muerte, con cadáveres y con el retorno de los muertos, con espíritus y aparecidos." (Tomo XVII, p. 241.). El médico no podrá aventurarse a sostener o mencionar algo donde el familiar o el interno se apoderen de sus palabras, subjetivas, no cuantificables, pues los riesgos en dicha situación no solo involucrarían al médico en cuestión, sino que podrían implicar a todo el aparato institucional, sea el sector salud gubernamental, institucional o sector privado; o incluso a las aseguradoras, que comúnmente están trabajando a la par con todo este inmenso sistema de salud.[24]

Habrá que mencionar que la medicina, por generaciones, ha asumido por diversas circunstancias un distanciamiento del conocimiento de la subjetividad y del paciente en general.

Dicha puntualización nos da cuenta de la complicación del *objeto de estudio*. Acuñarlo es una labor en exceso complicada. En el encuentro de las UCI hay diversos agentes que se verán involucrados, arropados de un lenguaje concreto y ubicados incluso con sus símbolos de vestimenta o por su gafete de trabajadores hospitalarios. Médicos, enfermeras, camilleros o

24 Estas siempre están del lado de la ganancia, su interés solo alcanza este punto. Su presencia es solo para cuidarla; para detener el servicio al acabarse los fondos. Un estímulo nada sencillo y en ocasiones excesivo para el familiar.

personal administrativo rodean los espacios de las UCI, pero, finalmente, son *seres* capacitados en su labor y con los conocimientos técnicos o científicos que respaldan su trabajo[25]; pero ellos no escapan a la *angustia*. Decidir si deberán o podrán modificar el trato que tienen para con los familiares, o los mismos pacientes, será una reflexión quizá para futuras investigaciones. La operatividad que se requiere en dichos espacios es necesaria y fundamental; si es suficiente o no, será un planteamiento abierto y detenido en este momento.

Habrá que mencionar que existen diversos estudios sociales y psicológicos que han abordado los espacios de las UCI, dejando avances teóricos y prácticos de los fenómenos que ahí se generan; específicamente en relación con la situación del paciente, y sobre el trabajo del personal a su cargo (enfermeras, camilleros o médicos tratantes). No obstante, es al familiar al que se le ha dejado de lado en este terreno.

En estos espacios la relación para con los familiares es una fuerte carga asignada por los médicos. La situación es tan delicada que el personal de enfermería está designado para abordar solo al paciente.[26] En algunos

25 Posiblemente no todos tengan esta situación ética laboral; sin embargo, indagar en ello no será objetivo de esta investigación.

26 Cuenta mi padre que el trato con ellas solo fue técnico o profesional. Cuando preguntaba sobre su situación o sus expectativas, nada le respondían. Es decir, inyectarle, moverle, bañarlo o checarle signos, nada más.

casos el acercamiento con el familiar es más bien de carácter técnico, en el sentido de dar indicaciones de cómo se deberá acercar al paciente o si es necesario emplear alguna asepsia adicional o peculiar. Asimismo, el personal administrativo tiene un trato distante y puntual, que puede consistir en la revisión de *pases de acceso* o en evitar que se introduzcan objetos prohibidos, como los alimentos.

Así, bajo estos lineamientos y exigencias sociales, culturales, administrativas y científicas, los médicos especialistas en el tratamiento de la UCI, al relacionarse con el familiar, quedan generalmente a expensas de su *sentido común*, y su experiencia para lograr o no una intervención empática dista mucho de comprender y saber sobre la afectación de la *angustia* propiamente dicha y, más específicamente, sobre la *angustia de muerte*.

Pero también es el médico quien se ve inmerso ante esta situación tan peculiar y compleja que disipa la angustia. Será él mismo quien tenga que enfrentarla constantemente y está "obligado" a asumir su propia angustia de saberse mortal aunque, al mismo tiempo, debe lograr ejecutar su función operativa como médico especializado en las UCI. Habrá que dejar en claro que si bien a cualquier médico se le puede morir un paciente y por tanto tiene que dar noticias a los familiares, será en este espacio donde particularmente las exigencias serán mayores; los conocimientos serán los más especializados y sus deberes serán los más acuciantes, la situación emergente se da de manera constante y sin reparo.[27]

Considerando el foco de este trabajo, el médico de la UCI se somete a un conjunto de factores que hacen de su labor médica un reto muy específico; constantemente se ve rebasado incluso por la misma ciencia médica y los hospitales. Puntualicemos: el paciente que, estando en condiciones "sanas", sin algún padecimiento grave o menor ubicado, tiene la necesidad de ingresar a la UCI, de primera instancia debe pasar por el recorrido del espacio de "primer contacto", que puede ser: urgencias, o estando con su médico especialista llegará a la UCI y tendrá que enfrentarse con las decisiones adecuadas o deficientes del espacio previo; luego iniciará una búsqueda que logre detener la patología, reestablecer o sustituir las funciones orgánicas vitales y constantemente lidiar con los recursos técnicos que pudieran ser escasos, como materiales quirúrgicos y personal médico —en México al menos.

Tanto en hospitales privados como públicos, o del sector salud, suelen modificar la disponibilidad en días festivos y fines de semana, especialmente los domingos.

27 Incluso habrá que considerar que en la UCI, a diferencia de otros espacios, es fundamental que exclusivamente el médico intensivista encargado o el médico tratante dé informes a los pacientes, pues en otros espacios las enfermeras sí pueden tener un acercamiento con los familiares.

Así como los tiempos de los organismos vivos, mucho del trabajo que deben realizar los médicos de las UCI está a expensas de los análisis de laboratorio; estos pueden arrojar información patógena de lo que le está sucediendo al paciente, sobre todo en términos de "cultivos de bacterias."

Ante ello, la aparente frialdad o ausencia empática mostrada para con el familiar quedará sujeta a procesos inconscientes, *la inhibición* de las emociones ante el dolor del familiar o ante la facultad de saber que, al igual que el otro, él podrá morir, será la herramienta a emplear, Freud (1996)... "<<Inhibición>> tiene un nexo particular con la función y no necesariamente designa algo patológico: se puede dar ese nombre a una limitación normal de una función". (Tomo XX, p. 83).

Así, esta coraza que es recibida generalmente como maltrato para con el familiar puede ser el resultado de una necesidad humana: evitar la desestructuralización del médico-ser humano que, ante la muerte y las exigencias mismas de su profesión, específicamente dentro de las UCI, debe priorizar y enfocarse en el cuidado del paciente. Nos queda claro que no en todos los casos es así; habrá médicos que por cuestiones principalmente personales logren actuar de un modo diferente, pero no es tema prioritario de abordar en este trabajo.

Dejaremos abierta la duda de cuánto se le puede exigir a un médico especialista en las UCI sobre el trato que se da a los familiares de los pacientes. No descartaremos que los médicos que están asignados a esta área pudieran recibir un curso o taller para comprender la situación que atravesará el familiar encargado pues, más allá de intentar atender a este sector —eje de esta investigación—, se deberá considerar que es este elemento de quien depende en gran medida la operatividad práctica de su labor profesional, y que lidiar de manera idónea con el familiar le podrá dar incluso la tranquilidad de intervenir al paciente, de lograr hacer mancuerna con los trámites legales y las necesidades materiales que son constantes de dicho espacio. Las alternativas pueden ser variadas, incluso con el mismo apoyo emocional que pudieran recibir los médicos.

Es importante hacer mención de que en varios momentos hemos planteado la pertinencia de este estudio; en ocasiones pareciera considerarse como una trivialidad. De facto, los familiares han logrado sortear y hasta normalizar, naturalizar o invisibilizar el trato que se les brinda por parte del personal médico; sin embargo, al decidir continuar con el estudio ha sido de vital importancia considerar que toda ciencia debe estar siempre en pos del beneficio de la humanidad, en nuestro caso de los familiares. Finalmente, los responsables del paciente, antes, durante y después de la muerte, son quienes viven o experimentan el proceso.[28]

Desde la perspectiva psicoanalítica, sabemos que el malestar social estará siempre implícito en la humanidad; ocasionalmente más evidente y en momentos hasta disfrazado de "modernidad o progreso." Consideramos que la vida humana es un tema abierto y complejo, diría Heidegger, visto como el ser ahí, desarrollándose en estado abierto que se va haciendo en el constructo mismo del devenir histórico. Por ende, la situación de las UCI es un debate contemporáneo donde la persona puede incluso determinar en vida y salud su trato hospitalario; dos temas al respecto son la Voluntad Anticipada y la Eutanasia.

El debate tendrá que continuar y, desde las diversas disciplinas científicas, los procesos culturales y sociales, será un tema que sin duda tendrá una exigencia tal que habrá de ser sometido a fuertes cuestionamientos.

Consideramos que es un tema muy joven, pues, como ya se mencionó, UCI surge en México como tal en los años 80 del siglo pasado. Asimismo, habrá que puntualizar que el tema de la angustia ha sido abordado sobre todo en el terreno de la filosofía y que, dentro del campo psicológico, es solo el *psicoanálisis* el que lo ha abordado profundamente. Las diversas ramas de la psicología consideran a la angustia como una

28 Sea de manera más o menos exitosa, generalmente con pesar y dolor.

manifestación semejante al miedo.

Se deberá contemplar entonces que el abordar dicho tema por parte de los médicos no puede ser un elemento desechable, pero para fines de este trabajo y, dada la complejidad de los sistemas del sector salud (independientemente del aparato legal u oficial que los respalde), bastará la explicación que nos convencerá de que es para el médico especializado de la UCI una necesidad de sobrevivencia inconsciente el hecho de no lograr desarrollar una empatía con el familiar.

A pesar de ello, es evidente que los médicos encargados de abordar y mantener al tanto a los familiares, cuando son vistos como amables y cálidos, logran reducir la misma *angustia de muerte*. Generan así una situación más favorable para todos los implicados, sin necesidad de arriesgarse a una situación de demandas legales, que es un tema que sobrepasa a los médicos, instituciones y, en este caso particular, a este trabajo.

Si bien la pretensión de este texto será mostrar una respuesta o una alternativa, no será posible sustentarla con solidez, principalmente porque los médicos siguen cuestionándose la necesidad de ver al paciente como una síntesis, y son los psicólogos quienes por diversas razones no han logrado adentrarse en ese círculo tan cerrado; pero son estos últimos quienes menos han abordado la categoría de la angustia, mientras que el psicoanálisis actualmente no ha logrado tener una relación seria y directa en este terreno. Serán la práctica y la teoría las que, en conjunto, logren dar alternativas más sólidas y eficaces ante el fenómeno de la angustia de muerte.

Es importante considerar que hemos podido observar y analizar muchos casos en donde los involucrados se han visto interpelados tras ver a su familiar en una situación de ingreso a la UCI, donde lo que vive es la angustia de muerte y se desarticula por un periodo considerable de tiempo, pues más allá de lo cuantificable de esa vivencia lo que se avecina es la angustia.

2.2 La angustia y la angustia de muerte: afecciones del familiar responsable del paciente interno en la UCI

La pertinencia de manejar claramente desde la teoría el fenómeno de angustia que vive el familiar en la situación de ver a su paciente en la UCI resulta por demás necesario.

Es común escuchar a la gente tener "ansias", "angustias" y confundirlas o equipararlas con el miedo. Para los especialistas de las afecciones humanas no será cualquier cosa mostrar la claridad de dichos aspectos. Pero para el psicoanalista la diferencia radica no solo en la postura teórica, sino sobre todo en la necesidad de implementar medidas pertinentes y lograr un trabajo de intervención o contención idóneo.

Es evidente para Freud que tanto el miedo como la angustia se van a presentar cuando se avecina un peligro, pero el miedo tiene objeto y representación tácita y evidente. Por ende, cuando un paciente manifiesta "tener miedo", es viable poner en palabras lo que está viviendo; adicional a ello, podrá tanto él como quizá las personas que lo están acompañando articular alguna alternativa que, más allá de lo exitosa que resulte, podrá manejar y posiblemente llegar a una solución que aminore, o bien, desaparezca dicho miedo.

La vía para la angustia corre de otra suerte al ser una afección carente de objeto, ininteligible para la persona que lo padece; será entonces en exceso complicado su manejo y su posible solución.

Freud pone en evidencia una de las alternativas que logran manifestarse como "solución" inconsciente a la angustia, la fobia; en esta el sujeto puede poner un "objeto" a eso que no logra comprender ni identificar y que solo se manifiesta como angustia.

Habrá además que mencionar que el miedo suele ser ocasionado por una situación sustancialmente distinta a la angustia. En el miedo la amenaza suele ser identificada, en el caso de la angustia no resultará tan evidente.

¿Qué podría desencadenar la angustia en los familiares que tienen un paciente interno en la UCI?, una de las posibles alternativas que podría dar una luz a esta cuestión es la situación tan trabajada por Freud (1996, Tomo XX), en *Inhibición, síntoma y angustia (1919):*

> … Hemos perseguido su mudanza desde la pérdida del objeto-madre hasta la castración y vemos el paso siguiente causado por el poder del superyó. Al despersonalizarse la instancia parental, de la cual se temía la castración, el peligro se vuelve más indeterminado. La angustia de castración se desarrolla como angustia de la conciencia moral, como angustia social. Ahora ya no es tan fácil indicar qué teme la angustia. La fórmula <<separación, exclusión de la horda>> sólo recubre aquel sector posterior del superyó que se ha desarrollado por apuntalamiento en arquetipos sociales, y no al núcleo del superyó, la pérdida de amor de parte de él, aquello que el yo valora como peligro y a lo cual responde con la señal

> de angustia. Me ha parecido que la última mudanza de esta angustia frente al superyó es la angustia de muerte (de supervivencia), la angustia frente a la proyección del superyó en los poderes de destino. (p. 132).

Es así como la vivencia del familiar se vuelve abrumadoramente angustiante: por un lado, la separación de su *ser querido*, este al que le ha depositado diversas cargas de toda índole, libidinales, tanáticas, al que ha introyectado y proyectado, ahora se encuentra aislado; el peligro necesariamente se vuelve en esta situación indeterminado. Los médicos podrán darle los informes pertinentes, pero las certezas desaparecen en todos los sentidos. No se puede afirmar si vivirá o morirá. La situación de tener que asumir posibles riesgos y todo está determinado por la indeterminación.

Es fundamental hacer la distinción de los diversos modos que tiene un paciente de ingresar a la UCI, pues las consecuencias serán cualitativamente muy diferentes; puede ser que al paciente, estando en una operación delicada, ya se le esté programando el ingreso a esta unidad. De ser esta situación se esperaría que tanto familiares como el mismo paciente estén no solo preparados operativamente (pidiendo alguna fecha específica o solicitando permisos laborales, es decir, armando una red de apoyo, etc.); también el equipo médico estará preparado para tener cuidado con los datos básicos y necesarios de la determinada patología del paciente y su historia clínica.

En esta situación, pudiera ser que la angustia no se presentara, o bien, que fuera menor. También pudiera presentarse en caso de enfermedades crónico degenerativas, con la salvedad de que la angustia dependerá del tiempo que tenga el familiar o paciente en poder llegar a su hospital y, una vez ingresado o llevado (en caso de usar algún tipo de ambulancia médica), lo que se demore en ser canalizado a la UCI (recordemos que no es un espacio de primer contacto). Dada la situación, se esperaría que los involucrados lleguen con ciertos conocimientos que favorezcan la salida exitosa de las UCI, así como una estancia que quizá no desencadenara la angustia. En ambos casos, cabe mencionar que todos los involucrados suelen tener conocimiento de qué hacer en una situación donde la vida del interno esté comprometida; incluyendo los permisos y cartas legales, como haber elaborado su *Voluntad Anticipada*.[29]

Pero cuando un paciente se encuentra sano o con

29 La Voluntad Anticipada es la decisión que toma una persona de ser sometida o no a medios, tratamientos o procedimientos médicos que pretendan prolongar su vida cuando se encuentre en etapa terminal y, por razones médicas, sea imposible mantenerla de forma natural, protegiendo en todo momento la dignidad de la persona (SEDESA, 2018, PP.1).

relativa salud y sin tener indicios de un padecimiento de suma gravedad, o bien cuando se presenta de súbito algún accidente severo en un tiempo considerablemente corto, tanto familia como el paciente ingresan a la UCI; la situación cambia de manera radical y la angustia aparecerá casi de manera inevitable.

Cualquiera de las situaciones previamente descritas se verá afectada, casi como una "puesta a prueba", pues, al poder visitar al paciente invadido de todo tipo de aparatos y drogas farmacéuticas, el estado físico fenoménico de este quedará expuesto a la percepción del familiar encargado, o incluso de los visitantes, quienes pueden alterar ocasionalmente al encargado de la custodia del paciente.

Asimismo, todo lo que se encuentra vinculado con lo social cobrará fuerza como parte de la estructura superyóica cada vez más rígida, más demandante. El familiar, así, deberá ser capaz de tomar iniciativa y decisiones que nunca antes había tenido que enfrentar; deberá permanecer con apoyo limitado, pues por protocolos internacionales, en las salas de espera de las UCI, solo pueden estar dos familiares, y en ocasiones solo uno, con una vigilancia de 24 x 24 horas y alerta a las emergencias que puedan surgir; sea en relación con el permiso de intervenciones de riesgo mortal o que comprometan funciones vitales de los pacientes, o bien, por tener que brindar apoyos físicos en cuestión de materiales quirúrgicos, médicos o de higiene. Adicional a ello, suelen tener que estar atentos a las cuestiones legales y económicas.

También recibirá informes médicos de personal que no necesariamente atenderá su situación afectiva: posiblemente tendrá que asumir el trato frío, cauteloso de quien atienda, sea que lo reciba de esa manera o que la percepción del familiar sea la de haber sido maltratado, violentado y sometido a las limitantes del médico informante; incluso en caso de ser atendido por la nobleza y la empatía del médico, mientras se esté en la situación de la UCI, la información nuevamente cobrará ese rango de ominoso, lúgubre y, aun así, deberá permanecer lo más firme posible.

Si fuera el caso, tendrá que seguir atendiendo o monitoreando las demandas sociales sean las propias o las del paciente, referente a cuestiones del hogar, si hay hijos menores, atender sus demandas vitales o académicas; en caso de ser requerido, buscar los permisos laborales, justificantes médicos, incapacidades médicas, o bien, atender pendientes vinculados con pagos de renta, o servicios comunes del hogar, como: luz, agua, gas, por mencionar algunos.

Es todo esto lo que representará al superyó que, de manera radical, se ha transformado en un superyó severo y rígido, que le exige prudencia y "madurez" para seguir en ese espacio de manera integral. Lo que menciona Freud como *pérdida de amor de su parte* se puede bien mostrar por el temor de no "poder cubrir con las demandas establecidas". Ya no solo del hospital, sino de todo el sistema que se ha puesto ahora en juego y se entrecruza, sin pretenderlo, como una máquina donde una parte del engrane ha alterado drásticamente su funcionamiento. La encrucijada es vital. Y atravesando todo esto, la inquietante muerte aparece.

Capítulo 3 El psicoanálisis, aportaciones teóricas y técnicas en la UCI

El psicoanálisis comúnmente se representa con la idea de un espacio privado donde el psicoanalista se acompaña de su diván. Sin embargo, la teoría psicoanalítica trasciende el espacio psicoterapeútico y puede apoyar a comprender, abordar y tratar los fenómenos implicados en el humano.

La situación de la UCI no es sencilla, la muerte menos. Cuando ambas situaciones se viven en un sujeto, este se ve rebasado y la ausencia de otras disciplinas en los espacios médicos, más que dar privacidad y apoyo al médico encargado de la UCI, suele someterlo a más presión innecesaria, donde lo común es un familiar disgustado, con sentimientos de sometimiento y violencia atroz.

Es necesario ubicar los fenómenos que se presentan y desarrollan tanto en el personal médico, como en los pacientes y sus familiares. Se puede favorecer principalmente a los familiares de los pacientes de la UCI al reducir su angustia de muerte, pero como potencial material a considerar para el personal implicado del hospital, logrando optimizar su trabajo médico.

3.1 Pertinencia de la teoría psicoanalítica en la UCI

Las instituciones hospitalarias, por su creación así como por su urgencia, han sido un espacio prioritariamente ocupado por el personal médico. Desde su inicio, de igual manera, han estado arropadas por deidades, sea en simbolismos o por sus involucrados, es decir, cruces, santos, cristos, curas, sacerdotes o capellanes. También se han adentrado en las instituciones abogados que podrán prevenir o remediar las situaciones que a los médicos se les escapen y los pongan en riesgo jurídico.

La estructura médica por formación y campo de estudio requiere necesariamente tener bases biológicas, técnicas que aborden y ataquen patologías en ese mismo sentido; habrá que considerar que los familiares de los pacientes internos son una variable extraña que deben abordar más por derecho humano que por deseo científico. Por ende, presumiblemente ha sido el lenguaje jurídico el que más ha permeado estos espacios. Cuando escapa a la ciencia positivista el conocimiento del trabajo médico y no es suficiente el respaldo jurídico, entra por cultura y tradición la aportación teológica. Nos resulta común y familiar ver imágenes como cruces, santos, cristos y capillas; estas deben de existir en un hospital para "dar paz", para volver a aliviar a los pacientes.

> Sabido es que en muchos aspectos ya hoy lo consigue pasablemente bien, y es evidente que algún día lo hará mucho mejor. Pero ningún hombre cae en el espejismo de creer que la naturaleza ya esté conquistada, y pocos osan esperar que alguna vez el ser humano la someta por completo. Ahí están los elementos, que parecen burlarse de todo yugo humano [...] el doloroso enigma de la muerte, para la cual hasta ahora no se ha hallado ningún bálsamo ni es probable que se lo descubra. (Freud, Tomo XXI. p. 15-16).

La teoría psicoanalítica ha quedado relegada del espacio hospitalario por diversas razones; una de ellas es porque los psicoanalistas contemporáneos suelen darle prioridad al espacio clínico en la consulta privada. Desde Freud, podemos observar que se logró analizar diversos fenómenos sociales con la aportación de la teoría psicoanalítica. El mayor ejemplo de ello está en su texto del *Malestar en la Cultura* (Tomo XXI), mismo que han usado no solo psicoanalistas, sino filósofos, antropólogos o sociólogos, para entender su campo de estudio.

Sin embargo, si bien varios psicoanalistas contemporáneos se han enfocado en el espacio netamente clínico y, aun cuando sean los menos, varios y valiosos han dado la pauta para seguir aportando tanto en su práctica como en su reflexión en espacios sociales; pieza fundamental de este ejemplo será la psicoanalista Bleichmar (2010). Esto debido a su labor teórico y práctica dado el sismo de 1985 en la Ciudad de México, con el apoyo brindado a los niños afectados tanto por las pérdidas materiales como emocionales causa del evento telúrico, pues la ausencia de cultura civil ante un evento tan inusual y las condiciones políticas que envolvían al entonces gobierno, dejaron a la capital mexicana "a la deriva". Las aportaciones de la autora son de gran utilidad por la semejanza con la situación específica que se aborda en este trabajo, debido al evento súbito y de riesgo mortal.

Nos referimos a este sismo a diferencia de quizás otros acontecimientos detonados por fenómenos naturales, pues la capital mexicana nunca había presentado un desastre de tal magnitud; por lo mismo, no había una cultura cívica apropiada para solventar este desastre, y para iniciar la difícil tarea de reponerse de una ciudad devastada; en palabras de Poniatowska (1988) "*la ciudad parecía en estado de guerra*". Actualmente, si bien la situación sigue siendo tensa y sobre todo después del sismo del pasado 19 de septiembre de 2017, tenemos una sociedad mucho más preparada en un amplio sentido, no solo por contar con la *Alerta Sísmica*, sino porque se han ido profesionalizando los protocolos de protección, así como los de rescate.

En las UCI sucede una situación semejante, suponemos que la *angustia ante la muerte* no es exclusiva de esos espacios hospitalarios; sin embargo, en estos, dicho fenómeno puede ser más susceptible que en otras condiciones de vida. Asimismo, dentro de los posibles modos en que se puede ingresar a la UCI, el ser de un modo imprevisto dispara la Angustia de Muerte de manera necesaria, a diferencia de cuando, por ejemplo, hay una operación programada.[30]

Las relaciones familiares humanas no se generan exclusivamente, quizá ni prioritariamente, como la biología o el derecho civil nos lo han marcado; es decir, para las UCI queda claro que el familiar debe permanecer al pendiente del paciente, un familiar directo; haciendo referencia a la descendencia biológica de sangre, y teniendo en claro que esto no siempre es así, hacen la marcada alusión a la parte legal: un *representante legal*, *cuidador primario*. Fundamento de cientificidad positivista, quizá en su mismo sentido y por herencia de los griegos, surge ese afán narcisista de pretender dominar a la naturaleza, a la subjetividad misma, a la

30 En el caso de O, al ser una operación programada, los familiares directos mostraron cierta tranquilidad y hasta ecuanimidad durante toda su estancia en la UCI. En cambio, en el caso de I, donde ocupó su familiar el espacio de la UCI por sobresaturación de cupo en Terapia Intermedia, sí presentaron momentos de *Angustia ante la Muerte*.

que con tanto ahínco ataca la ciencia dura, pese a que esta prevalece y se evidencia aun detrás de los espacios más rígidos y de cuidados como las UCI.

Empiezan los embates: se sabe desde el psicoanálisis que, al nacer, se genera el narcisismo en todos los seres humanos; un narcisismo primario que va a engrandecer los poderes que se tienen sobre uno mismo para, posteriormente, desarrollar un narcisismo secundario, mismo que nos hará sentir que los poderes omnipotentes están en los objetos externos de nosotros mismos. Generalmente estos objetos secundarios se encuentran en las personas a las que consideramos amar, sea en su situación tierna, como puede ser un hermano, un padre o un amigo, o bien, tierna y carnal, como en el caso de las "parejas amorosas".

Ante ellos, volcamos por mecanismo de defensa diversas ideas que permitirán sobrellevar la fragilidad de la vida, no solo en su sentido físico, sino emocional. Así, creemos o vivimos como si los seres amados fueran, solo por esa condición, ser amados por nosotros o por amarnos a nosotros, eternos, tanto para cuidarnos como para acompañarnos. Pese a todas las racionalizaciones que tengamos ante la inevitable partida, a nivel inconsciente la fragilidad del ser humano nos confronta también, inevitablemente.

Por ello, es común, escuchar en los infantes solicitar a

los adultos la garantía de la eternidad: "papá o mamá, ¿verdad que nunca te vas a morir? ¿Nunca me vas a dejar?".

Así es como este cuidador legal se convierte en un sujeto narcisista, que entra en el primer enfrentamiento del desajuste inconsciente cuando le pregunta al médico ¿se va a salvar?, ¿se va a morir?, ¿va a estar bien?; la pregunta narcisista se confronta por el enigma donde ya no hay respuesta, no hay certeza; ambigüedades que el médico no necesariamente sabrá cómo enfrentar.

El vacío ante la respuesta puede disparar la *angustia*. No solo en el familiar, sino incluso en el mismo médico.

El familiar suele dar respuestas cargadas de omnipotencia narcisista: yo sé que va a estar bien, "mi papá es fuerte", me lo prometió, o "Dios lo va a cuidar". Llenar el vacío parece ser una necesidad fundamental.

El narcisismo de los sujetos es necesario, tiene una función de coraza, permite que la vida se asuma sin caer en descuidos, lo que comúnmente llamamos "amor propio". Tener esa fuerza, en este caso, la ubicamos como *pulsión de vida*: es la fuerza necesaria que permitirá que uno se pueda sobreponer a los embates de la vida misma.

La lucha inconsciente enfrenta el brutal endurecimiento de las figuras de protección; el médico de estos espacios se convierte en un superyó rígido, lleno de reglas y normas, así como esa figura que se espera de "paz" y alivio a las demandas narcisistas y omnipotentes de los familiares. ¡Sálvelo! ¿Por qué tendría que salvarlo?, pues porque el familiar lo ama o el paciente ama a sus familiares. La coraza narcisista no se puede romper fácilmente solo porque hay un protocolo jurídico y biológico que lo exige.

> … el de la introyección del ideal y el de la proyección de la omnipotencia, y esto será pronto el meollo de la explicación genética. Nos importa, pues, captar el sentido de tal distinción tanto en el plano descriptivo como en el clínico. Hay allí, en efecto, dos problemáticas distintas, la del ideal y la de la ilusión. El ideal representa una interiorización de la autoridad conforme al modo impersonal del imperativo; se derrumba el índice existencial de la fuente de autoridad y sólo se retiene el índice imperativo, quedando excluido el indicativo. (Ricoeur, 1999. p. 201).

El médico no tiene necesariamente que hacer más, en hospitales tanto públicos como privados la presencia del médico encargado de la UCI debe darle prioridad tanto en su formación a la parte biológica como en la parte técnica al restablecimiento o mantenimiento de las funciones vitales del organismo. Sin embargo, eso no lo exime de quizá desear salvarlo. La omnipotencia, al igual que otras características humanas, son imposibles de suprimir; en el médico pudiera ser que se presente cuando antepone su conocimiento, lo que él estudió y en lo que cree. Las UCI ponen en tela de juicio constantemente este hecho, es quizá que se presentan en ellos imperativos vividos tan crueles como: ¡Entienda que se puede morir! Y la vivencia del familiar puede ser brutal ante dicho acto.

Se va comprendiendo que, cuando el médico se niega a dar la certeza de poder salvar al paciente, más que una limitante médica, se percibe a nivel inconsciente como una amenaza al narcisismo del familiar.

El narcisismo dañado, según la postura psicoanalítica, tardará un tiempo subjetivo a partir de las herramientas aloplásticas[31] y autoplásticas[32] que tenga el paciente

31 La capacidad inconsciente de un individuo para modificar las condiciones externas que le rodean; en este caso pudieran ser; reubicar sus actividades cotidianas, organizarse en términos de proporcionarse comida, localizar los trámites hospitalarios necesarios, en caso de contar con seguros médicos o buscar las condiciones económicas que se requieren, atender las necesidades del hogar, como puede ser; cuidados de los seres que ahí vivan, desde plantas, animales o familiares; por mencionar algunos ejemplos.

32 Las capacidades inconscientes que tiene un individuo para poder modificarse a sí mismo, es decir; tener la flexibilidad necesaria para

para resolver dicha situación; para el hospital el tiempo no funciona de igual manera.

Como se ha mencionado, en las UCI los familiares deben responder desde el primer momento con una disposición cognitiva tal que les permita tomar cualquier tipo de decisiones, no directamente sobre ellos mismos, sino ante todo, sobre su familiar; muchas veces, sin poder consultarlo con este, dado que pueden en su mayoría estar sedados, pues son justo quienes llegan en momentos inesperados; es decir, sin una enfermedad previa o una operación programada, y seguramente no hablaron con anterioridad sobre los deseos del paciente.

Las exigencias inician y, entonces, aparece la constante probabilidad de que el ser querido no solo no responda al narcisismo omnipotente de quienes lo están acompañando, sino que además inicia el proceso de evidenciar la muerte.

La herida narcisista ya "es general" tanto para el familiar como para todo el personal hospitalario y, principalmente, para quienes están en contacto directo con el paciente: personal de enfermería, médico encargado de la UCI, especialistas médicos y todos los

---

poder emplear de modo inconsciente sus herramientas, como puede ser inhibir sus emociones cuando sea necesario, reprimir o negar si fuera el caso; quizá información que en ese momento sería más bien estorbosa, como quizá alguna discusión previa que se haya presentado; etc.

familiares. La presencia de la muerte aparece.

Así, la ciencia médica también se ve atropellada en su propio narcisismo: "los libros me dicen que tu padre debe estar muerto"; la ciencia queda rebasada, dejando al descubierto que no es tan "poderosa" y definitoria, su narcisismo científico se ve herido. No es la ciencia dura la que todo lo sabe, bajo la promesa del control queda al descubierto no solo lo que no sabe, sino la sombra clara de la muerte; es decir, pese a los esfuerzos racionales de ser objetiva, se hace manifiesta la prueba de que el médico también puede morir. En el paciente no ve a un ser amado necesariamente, pero se ve identificado con ese que, como él, pudiera estar ahí, frágil.

El inconsciente, ante la amenaza de angustia de muerte, puede facilitar ciertas conductas que ayudarán a protegerlo de la misma; estas conductas suelen ser regidas por mecanismos inconscientes. Lo más común es que se generen procesos inhibitorios, como puede ser la del proceso cognitivo, es decir, las personas por momentos más o menos prolongados pueden perder la capacidad de procesar cognitivamente los eventos; así, pierden la capacidad más básica como decidir si permanecer o no en un lugar, alimentarse, dormir, o inhibir la motricidad, aun cuando se les estén brindando informes.

De esta situación no quedará exento el personal médico

que, ante determinadas situaciones, duda en ejercer algún tipo de técnica quirúrgica, como fue el caso del "médico oriental", que de momento no solo dudó de su participación, sino que su conducta se vivió como "poco profesional y hasta torpe".

La negación es uno de los mecanismos que pueden presentarse ante estas circunstancias de angustia de muerte; así, los reportes médicos se ven entorpecidos por lo que los pacientes están recibiendo de "información", pues el comportamiento del familiar se ve afectado; es común escuchar que se "olvidó" algo o que no recuerda determinados datos precisos.

Incluso pueden entorpecer sus actividades exteriores por este mismo fenómeno; es decir, puede ser que se olviden de realizar pagos, acudir por los hijos a la escuela, etc.

Entre toda esta abrumadora situación, los familiares deben responder a las exigencias de esta figura superyóica que se vive como padre castrante o como madre protectora y que, en determinadas situaciones, se percibe como un objeto amenazante que "agrede y abusa", convirtiendo al familiar en víctima. Este es motivo probable de demandas para los agentes hospitalarios, quizá tan víctimas como el propio paciente y su familiar ante la *dureza de la vida*, nada más.

A la defensiva, la parte institucional pone mayor

rigidez burocrática, más protocolos y mayores defensas policiacas. Nuevamente es la omnipotencia narcisista del hombre para pretender gobernar y someter lo ingobernable: la angustia de muerte. Decía Freud (1996) que las tareas pendientes de la humanidad eran saber gobernar y educar; posiblemente con estos dos grandes artificios se intenta someter lo imposible: la angustia, y no cualquiera, sino la angustia de muerte.

Los espacios destinados a la religión, como ya se ha mencionado, procuran darle cierto apaciguamiento a la angustia, con o sin conocimiento de causa; quizá lo que se requiere es un conocimiento de causa. Si bien el psicoanálisis puede dar una interpretación científica a este Ser Supremo que opera como un *Padre Supremo* —que sí podrá dar una certeza donde no la hay—, puede también comprender y hasta defender, no desde una postura teológica, lo fundamental que en este caso pudiera ser tener esos espacios religiosos, sea por su capacidad de contención, de reestructuración o de lograr vía la compulsión a la repetición, pues hay en los rezos una suerte de economía psíquica que puede apaciguar la angustia de muerte.

> Daremos un paso más allá del análisis, en adelante clásico, del superyó si tenemos en cuenta que la cultura, además de su propósito de prohibir y corregir, tiene como tarea la de proteger al individuo

> contra la supremacía de la naturaleza. (Ricoeur, 1999. p. 215).

Bion (1977) en sus escritos menciona la importancia de poder generar un continente por parte de la madre (médico), al igual que en la situación del sismo de 1985, como lo narra Bleichmar (2010), los padres o representantes tutores reconocidos por la parte jurídica de un hospital se convierten en sujetos interpelados por la angustia de muerte; con las incapacidades que les deja la abrumadora experiencia de la UCI, podemos considerar que hay una demanda inconsciente donde se exige un continente que logre generar, de los estímulos caóticos beta, en palabras de Bion, los elementos que no se logran comprender, —no solo porque la terminología médica sea constantemente un terreno ininteligible para el familiar; sino porque la situación misma puede ser ininteligible por la misma incapacidad de determinar la patología—; entonces es imposible dar esa certeza que "pide a gritos" el familiar, y que seguramente anhela el médico. Además, incrementa la potencialidad de la muerte y, ante ella, no hay poder cognoscible que nos pueda hacer referencia a nada. La nada en sí misma, nuevamente, genera caos, angustia.

> … Lo que debería ser un pensamiento, un producto de la yuxtaposición de una preconcepción con una realización negativa, se transforma en un objeto

> malo, indistinguible de una cosa-en-sí-misma, adecuada sólo para ser evacuada. Por consiguiente, el desarrollo de un aparato para pensar se ve perturbado, y en cambio se produce un desarrollo hipertrófico del aparato para la identificación proyectiva. (Bion, 1977. p. 154-155).

El médico amedrentado por la situación del familiar recibe esos elementos beta, caóticos y, sin preparación más que su intuición, devuelve esas proyecciones con la misma o mayor intensidad. Generan las demandas o, en el menor de los casos, la situación de impotencia, la tristeza y el desamparo.

Lo anterior es lo que en psicoanálisis se conoce como *Identificación Proyectiva*, es decir, se lanzan los sentimientos agresivos ante el acecho de la muerte; el narcisismo omnipotente se fractura y toda esa violencia, en el mejor de los casos, es depositada en el exterior. Se comprende por qué el médico constantemente se asume como un ser que tiene que estar en defensa de los demás y por qué el familiar no siente soporte.

Es importante mencionar que las ciencias de la salud, vistas desde un enfoque "netamente natural", todas, sin excepción, podrían considerarse como innecesarias. La muerte finalmente es una condición necesaria de la vida;

se requiere solamente estar vivo para poder empezar a morir. Los tiempos y los modos en que la pulsión permite retrasar ese proceso es lo que conocemos como vida. Pero dentro de esa línea, suele ser prioridad para la ciencia buscar los escenarios donde la pulsión de muerte se deje ver lo menos posible, o bien, pueda postergar su presencia. Ante ello, sabemos que hasta ahora han operado así los centros hospitalarios, específicamente las UCI; sin embargo, es posibilidad de la ciencia aminorar las dolencias y sufrimientos de los sujetos en general.

La vida misma implica enfrentarse a su dureza. Así, solo por existir. Aun cuando pareciera sencillo y no nos percatemos de lo complicado que es el día a día. Este logro, en cualquier término, resulta de lo más complejo, ya sea desde las ciencias sociales, la política, biología o cualquiera otra rama del estudio de la vida del hombre; pero dentro del campo psicoanalítico, lograr mantenernos en funcionamiento, aun con estados neuróticos o episodios psicóticos, es en suma complicado; principalmente porque requerimos de la experiencia básica del narcisismo, este que tendrá sus cargas omnipotentes. Por ejemplo, en el caso de los bebés, basta con que lloren para que "el mundo se mueva a su alrededor"; si esta situación se quedara ahí, encontraríamos una patología, mientras que la exigencia de la vida implica salir de ese estado y entonces nos colocaríamos en el concepto denominado *principio de realidad*, mas no es una realidad en términos filosóficos ni ontológicos de "lo real", sino que se implica una necesidad adaptativa, donde los demás, regidos por la cultura, lo obligarán a salir de ese estado.

En esa cultura, en principio, estarán presentes los cuidadores primarios, figuras como "papá" y "mamá"[33] serán los portadores primarios de las normas culturales y, al mismo tiempo, son quienes de manera más o menos exitosa tendrán que iniciar al recién llegado respecto de la cantidad de pérdidas que enfrentará en la vida, incluyendo a esta.

La operatividad de los sujetos requiere generarse ciertos recursos de sobrevivencia, salir del narcisismo primario es una tarea ardua: le costó a la humanidad salir de creer ser el centro del universo y provenir de un simio, como a

---

33 Será importante ubicar la época freudiana, pero también la época contemporánea; efectivamente Freud hace referencia a un padre y una madre con características biológicas típicas de la época, que tampoco distan mucho de la historia en Latinoamérica y, específicamente, de México. Sin embargo, utilizo el concepto de "figuras" haciendo alusión a sus funciones: puede ser una función donde impere el orden, la prohibición y la guía, ya sea que estén a cargo de una mujer, o bien, la función donde impere la ternura, el abrazo y lo emotivo y esté a cargo de un hombre; pero por limitantes de la investigación no se podrá ahondar más en un estudio de género. La convicción desde una postura psicoanalítica es que los hijos siempre tendrán que estar a cargo de un humano mayor, mínimamente que les preste los cuidados que un recién nacido requiera (Bleichmar. 2014).

cada individuo le cuesta salir de ese narcisismo primario omnipotente para ingresar a un narcisismo secundario que, a su vez, implica asumir la prohibición como parte de su "cuota de vida"; así es como el psicoanálisis en su segunda tópica marca la entrada del superyó.

Esta prohibición no se da de manera tajante, de un día para otro; el sujeto necesita identificar, sea consciente o no, las ventajas que se obtienen por estar dentro de esta constante pérdida de privilegios. Los deseos narcisistas quedan relegados, sea por represión, o bien, porque tendrán que ser postergados por caminos más o menos gratificantes.

> La significación propiamente económica de la función cultural se nos revela al relacionarla con otro tema familiar a Freud, el de la dureza de vivir. Tema que despliega en varios niveles; primeramente designa la innata debilidad humana frente a las aplastantes fuerzas de la naturaleza, y frente a la enfermedad y la muerte, alude además a la situación de amenaza en que se encuentra el hombre entre los hombres [...] Pero la dureza de la vida es sinónimo también de la debilidad del yo, en su primeria situación de dependencia frente a sus tres amos: el

> ello, el superyó y la realidad; dureza de la vida significa primacía inicial del miedo. A este triple miedo –miedo real, miedo neurótico y miedo de conciencia– *El malestar en la cultura* añade otra nueva pincelada: el hombre es un ser básicamente "descontento", porque no puede, a la vez, realizar la dicha de un modo narcisista y cumplir con la tarea histórica de la cultura (puesta en jaque por su agresividad). (Ricoeur, 1999. p. 215-216).

"Atrás" quedará este estado ideal, donde el resguardo parecía estar a salvo, sin embargo, la metáfora del "atrás" no implica que aquel desaparezca: ese estado queda en lo inconsciente, así se ha instaurado el *Yo Ideal.* Para continuar con la vida, el recurso psíquico implica hacer de esa figura inicial un lugar adonde se puede llegar, un *Ideal del Yo*, mientras que la presencia del superyó está implicada porque requiere del énfasis de las renuncias. Es decir, el superyó acompaña al yo y su fragilidad, pero al mismo tiempo le recuerda que hay pérdidas.

El deseo jamás se agota, no se supera ni se extingue, pese a las muchas intelectualizaciones que un sujeto pueda tener, los grados académicos, o bien, las formas racionales que elija para enfrentar la vida; el deseo persiste y persistirá hasta la muerte.

Este deseo estará ligado al *Principio del Placer,* mismo que no es garantía para poder ejercer la vida, ya que si este principio imperara sobre lo humano posiblemente lo llevaría a la destrucción. Para ejemplificar esto, habrá que considerar las tres prohibiciones marcadas por Freud (1996) que rigen a casi cualquier sociedad: el incesto, el canibalismo y el asesinato; el hecho de que estén prohibidas necesariamente implica que son un deseo presente en todos los humanos.

Digamos que los motivos (no necesariamente razones) que tenemos para ceder a nuestros deseos —sea dejándolos reprimidos, postergando su placer o bien ejerciendo cualquier tipo de recurso "engorroso"— se cimentan en la búsqueda de la sobrevivencia propia y de la especie. Vemos así cómo las diversas instancias tanto públicas (instituciones) como personales (familia, amistades) nos prometen vidas mejores, perdurables y, más ahora, en la era del capitalismo expandido a todo el orbe, donde la promesa de la juventud y el no envejecimiento cobra la forma de diversos métodos artificiales a cambio de cuotas de sufrimiento y de dolores, como aquellos padecidos en diversas operaciones estéticas.

Dicha garantía es solo una promesa, como vimos en capítulos anteriores, pues implica una necesidad —

como señalaba Heidegger— de ver en el otro lo que no podríamos ser capaces de ver en nosotros mismos; porque la muerte misma, que implica la aceptación de la fragilidad suprema, es irrebasable por sus componentes cognitivos de entrada, pero también porque nos invade la nada y de ahí se disipa la angustia más dura, la angustia de muerte.

En general este "enfrentamiento" se da de manera constante y paulatina, de manera tal que se puede resolver en el mejor de los casos cada duelo, cada pérdida, logrando canalizar en nuevos objetos las catexias que han perdido parcial o totalmente sus objetos, siempre con la añoranza del *Yo Ideal*, del retorno al estado infantil.

> … La cultura sólo es otro nombre del superyó si le asignamos como tarea primordial la prohibición de deseos sexuales o agresivos incompatibles con el orden social. Dicho en lenguaje económico, la cultura implica una renuncia a los instintos; basta recordar las tres prohibiciones universales: el incesto, el canibalismo y el asesinato. Que cultura y superyó sólo sean dos nombres de una misma realidad no los certifica el mecanismo de introyección. (Ricoeur, 1999. p. 215)

La fuente de ideal a donde se debe llegar es una especie de guía abstracta por la cual la psique, en su economía, cede y da lugar a la cultura, nutre también la exigencia del superyó, brinda los anhelos de lo que se quiere tener, a donde se quiere llegar. Es pues, una figura que se introyecta para proyectar los imagos propios e histórico sociales.

En las UCI, este representante superyóico se convertiría en la figura rígida-tierna del médico, de ese ser que exige responder, desde el dominio de las facultades *yoícas*, al ajuste del *Principio de Realidad*; situación de por sí nada sencilla, pero al mismo tiempo se asume que se está viviendo una pérdida del ser querido que se encuentra internado, pérdida de momento porque se encuentra en una situación pasiva que no era la que se tenía; máxime si cae ahí en una situación súbita, inesperada.

Ante la fragilidad del poder narcisista para tener que lidiar con la repentina muerte, ese médico se vuelve la esperanza de sentir el refugio de la necesidad narcisista omnipotente, "salvar al ser querido", dar cobijo al doliente familiar que debe respetar y acatar las reglas de la UCI, sin embargo, el médico se vuelve un superyó rígido, y debe serlo. Las necesidades del paciente son muchas, pero la percepción del sujeto se ve rebasada, el yo se ve severamente amedrentado, lo que en capítulos anteriores veíamos como hiperestimulación.

La figura superyóica, puesta en el médico, se vive con brutal violencia: no hay cobijo y en esas condiciones se escapa el poder y la esperanza.

Por economía psíquica el familiar inicia un proceso de supervivencia, las funciones *yoícas* se ven sobrepasadas y quizá vuelvan; presentan un efecto de regresión donde se sienten más seguras en este estado de *Yo Ideal*, regresan a la *oralidad*, dejan de comer, lloran, se paralizan e inhiben algunas de sus funciones. Ante ello, el ambiente quizá debe exigir más: se pide que se rolen turnos, que se cuiden los que están a cargo, que ingieran alimentos.

> Si la intolerancia de la frustración no es tan grande como para poner en actividad los mecanismos de evasión, pero es lo suficientemente intensa como para predominar sobre el principio de realidad, la personalidad desarrolla omnipotencia como sustituto de la conjunción de la preconcepción, o de la concepción, con la realización negativa de un hecho. Esto implica que se asume la omnisciencia como sustituto del aprendizaje a través de la experiencia con la ayuda de pensamientos y de pensar. No existe por lo tanto una actividad psíquica que discrimine entre

> lo verdadero y lo falso. La omnisciencia substituye la discriminación entre lo verdadero y lo falso, por la afirmación dictatorial de que una cosa es moralmente correcta y otra equivocada. (Bion, 1977. p. 156-157).

La necesidad de sobrevivencia es tan grande que se les escapa a ambos, médicos y familiares. El médico se aferra a la omnisciencia de su saber científico y el familiar a la imposibilidad de enfrentar ese vacío de angustia de muerte. Hasta ahora, hemos dejado claro que se trata de un ser que ha quedado introyectado narcisísticamente, y no se trata de un "daño pasajero"; se pone en evidencia total la fragilidad de la vida misma ante la ausencia de esta y, a su vez, deja a la luz la fragilidad humana.

Las funciones tiernas libidinales parecen desaparecer, el cobijo desaparece y, entonces, lo que queda puede ser la ilusión; el deseo, como se mencionó, no desaparece, el deseo narcisista persiste y entonces la omnipotencia aparece como un último recurso de salvaguardarse a sí mismo, "verás que se pondrá bien", "yo sé que se salvará". El hospital en su rigor positivista, arropado en estos términos por su ley superyóica, exige que se rompa ese consuelo. Desconoce que es un recurso que se tiene para poder avanzar y soportar la brutal realidad, que es el saber que no hay algo seguro.

La ilusión social, cultural y científica queda rebasada por la vida misma. Pero se debe decidir y actuar, pese a todo ello.

Actualmente, salir de esos espacios es suerte de los involucrados, pese a la teoría y los avances que se puedan tener.

El superyó-médico se ha vuelto severo y rígido en un sentido amplio y hasta embrutecedor; los informes médicos parecen no dar tregua, se dan montones de información ininteligible para quien no tiene esos códigos científicos, y lo que se puede entender no lo es así para la cognición. Se trata del vacío de un informe en construcción, el común es: no se sabe aún qué tiene, o la temible muerte, donde el consuelo pudiera solo sostenerse en las estructuras donde la ilusión se ve reflejada, sea una religión, la esperanza o el deseo de que el narcisismo omnipotente sobrepase la fuerza de la naturaleza misma.

La información que se percibe como vacía, sea porque lo es en sí misma, sea porque se avecina la amenazadora muerte con todos sus simbolismos, son lo que en términos de Bion (1977) se conoce como elementos beta, inoperables para la mente humana; quizá no es el médico quien deba modificar esta situación, quizás el mismo médico requiere de esa tregua, cuando ve la fragilidad en su ciencia y en su mismo ser. Más bien, debiera ser la función de un agente externo la que pudiera brindar esos espacios de tregua.

Si el médico o el personal del hospital es el encargado de elaborar a profundidad su propia angustia de muerte, la ciencia quizá será como esa madre que no satisface su calidez ante la fragilidad humana. Lo que sí sabemos es que la ciencia debe estar al servicio de aminorar los dolores de lo humano.

Así como las pasiones humanas deben ser también abordadas por aportes médicos corpóreos, es primordial darles cabida a los estudios de la psique y ponerlos al servicio de la sociedad. Es fundamental ser meticulosos y dar cuenta de que lo que sucede en espacios tan delicados, y relativamente nuevos, es un asunto de las leyes o de la frialdad de la técnica médica. Se trata de fenómenos complejos que, hasta ahora, no solo hacen que los involucrados sufran y pasen por malos momentos, sino que pueden incluso entorpecer la operatividad médica dentro de la UCI.

3.2 Propuesta

El ingreso a ciertas instituciones laborales suele ser difícil y en ocasiones imposible. Al inicio de esta investigación, la intención sí era ingresar a los espacios hospitalarios, o bien a las salas de espera de la UCI, sin embargo, dichos accesos suelen estar restringidos por razones y logísticas obvias de la misma institucionalidad. Como se ha mencionado, los hospitales se han ido respaldando vía jurídica y eso dificultó el acceso. También se debe a la misma estructura de formación de los médicos que, como ya se ha dicho, es de corte positivista. La idea de poder identificar y trabajar con la angustia era en general complicado de abordar. Dada la sensibilidad de la misma situación y lo delicado que esta resultaba, tampoco se optó por una metodología cuantitativa.

Algunos de los casos que sirvieron para este trabajo se obtuvieron en la medida en que los cercanos se enteraron sobre el tema de investigación.

Sin embargo, dos acontecimientos inesperados modificaron el rumbo de este trabajo, principalmente en relación con la operatividad concreta que pudiera brindarse al familiar del paciente internado en la UCI.

El primero, como ya se dijo, fue el sismo que se presentó el 19 de septiembre de 2017; donde muchas personas invadidas por la angustia se atendieron tanto de manera presencial como a distancia. En aquel entonces, entre otros recursos, se encontraban disponibles los servicios de la Universidad Nacional Autónoma de México, así como de la Sociedad Psicoanalítica de México, entre otros centros o profesionistas que brindaron su apoyo. Los avisos se promocionaron y se hicieron virales en redes sociales, anunciándose de la siguiente manera: “Si tú o alguno de tus familiares presentan una crisis nerviosa a consecuencia del terremoto, visita los siguientes hospitales y puntos de ayuda o comunícate a la Línea Ciudadana 5533 5533 para recibir ayuda en tiempo real". (Time Out México. pp.2).

Tres meses después, mi cuñado fue ingresado a la UCI y pude ya, con la investigación avanzada, identificar que mi hermana estaba padeciendo el fenómeno de la angustia de muerte. La posibilidad de comunicarnos vía WhatsApp resultó una alternativa mucho más viable y pude darle contención, logrando reducir considerablemente su angustia.

También se presentó la situación de Julieta y la de Mariana, ambas fueron abordadas desde el exterior de los hospitales; en ambos casos la importancia fue que, pese a que solo Julieta era cuidadora primaria a cargo del paciente ingresado, ambas eran familiares de estos y, por ende, también presentaron dicha angustia de muerte.

Por ello, considero pertinente enfatizar en la factibilidad de un proyecto que procure a los familiares de los pacientes internados en las UCI, sin necesidad de comprometer la logística y los protocolos hospitalarios. Pues el fin no será jamás la sustitución del reporte médico; pero sí la posibilidad de que los familiares tengan un manejo más adecuado de su angustia de muerte y, en dado caso, reducirla a niveles manejables.

La necesidad de la formación psicoanalítica radica en que hay conceptos fundamentales y estrictos que se deberán comprender y con los cuales se sabrá intervenir de la manera adecuada.

1. La Angustia, diferenciada claramente del miedo (principalmente disparada por la hiperestimulación).

2. La Angustia de Muerte.

3. La Ilusión, como soporte ante la angustia.

4. El papel de la omnipotencia narcisista del familiar.

5. Las conductas inconscientes de regresión, principalmente a la fase oral y sádica oral.

6. La identificación proyectiva.

Tiene que quedar con total claridad que no se pretende dar un acompañamiento terapéutico como tal, sino ejercer una función emergente derivada de una situación tan concreta como es el ingreso súbito a la UCI.[34] Dejar de lado la rigurosidad de la técnica psicoanalítica es un elemento fundamental, tal como lo marca Bleichmar (2010) cuando decidió atender a los grupos de infantes damnificados por el sismo de 1985. Acá la situación es diferente, porque se trata principalmente de adultos

34 Para fines concretos de esta investigación solo se limitó a los ingresos a la UCI de manera súbita, pero con ello jamás se podrán excluir otras situaciones donde se pueda presentar la angustia.

que, además, tienen que actuar de manera concreta y rigurosa ante la exigencia superyóica de los espacios hospitalarios.

Los beneficios de dicha posibilidad son por demás valiosos. Y el hecho de que estemos viviendo un momento donde las redes sociales ya pueden estar al alcance de las personas, hace posible su facticidad. De hecho, y por desgracia, actualmente es más la población que tiene acceso a un medio de comunicación móvil o digital, que la que tiene acceso a los espacios de la UCI.[35]

Es importante hacer hincapié en que la postura para con el personal del hospital, y sobre todo con los médicos especialistas y encargados de las UCI, se ha modificado radicalmente. Quizá sus defensas inconscientes consisten principalmente en el *Aplanamiento de Emociones*, es decir, la percepción que viven algunos pacientes o familiares, o la que asumen conscientemente ellos mismos y su formación académica, exigen cierta frialdad en el mejor de los casos, y crueldad en el peor; ella es fundamental y necesaria para poder ejercer su técnica y conocimiento médico. Pudiéramos considerar que es mucho mejor ese trato a que entraran en angustia mientras están operando y, entonces, la inhibición ya no fuera emocional, sino motora o cognitiva.

Pero también pudieran hacerse de un protocolo ya

35 En dado caso facilitar el medio.

automatizado como lo han hecho con las estrategias legales, sin por ello ser doctos en las leyes jurídicas; pudieran, en dado caso, recibir una cierta capacitación de qué decir y cómo decir determinados datos o información en general, así como evitar ciertas situaciones de dolor y sufrimiento innecesario para el familiar encargado.

La alternativa sería brindarles no solo el conocimiento de lo que puede suceder en la psique del familiar para que este logre, en términos de Bion, convertir los elementos beta en elementos alfa y así sea una información que se pueda concretar operativamente. Sin dudar de que a la par el mismo médico tendría que recibir apoyo psicológico, como es fundamental en cualquier psicoanalista, pues tampoco estamos exentos de poder desencadenar dicho fenómeno.

Sin embargo, no hay una postura clara ante ellos y el manejo de esta situación. Lo único evidente es que cuando se trata del tema de la muerte, la ciencia misma se queda corta y es necesario abrirse al trabajo interdisciplinario para reducir los malestares.

La ciencia misma, si bien tiene un compromiso primordial con la verdad, lo tiene ante todo con la vida humana y su posible bienestar. Sobre todo cuando se trata de ciencias de la salud humana.

Conclusiones

Los sujetos que han tenido que estar al cuidado y asumir la responsabilidad de sus familiares internados en la UCI han enfrentado esos espacios de alguna manera. Asimismo, los médicos encargados de los pacientes internados en alguna UCI han tenido que resolver, con mayor o menor éxito, el vínculo necesario con los familiares.

Sin embargo, es común que el trato hacia los familiares encargados se perciba con hostilidad o violencia. Dicha dupla, familiar-médico, más que favorecer al tratamiento suele hacer sentir mal al familiar en el mejor de los casos y, en el peor, obstruye el trabajo del personal médico, sea en el momento en que se está en la UCI, o bien, al salir de esta, pues el recurso de los familiares suele ser la demanda jurídica correspondiente.

En los casos estudiados fue notoria la diferencia de cuando el paciente ingresaba a la UCI como una medida protocolaria tras haber sido intervenido por alguna operación de alto riesgo, sin embargo, pudiera presentarse aún en esos casos la angustia de muerte. El riesgo de perder la vida implica necesariamente generar un vacío cognitivo, independientemente de las religiones o creencias que tengan los individuos, pues como ya se explicó, estos solo evidencian la fragilidad humana, la regresión a estados infantiles donde es fundamental tener una imagen que nos brinde tranquilidad.

No existe forma alguna de poder asumir un contenido a dicha situación; tampoco podríamos llamarle *experiencia*, dado que la experiencia implicaría solo la pérdida del otro, más no la muerte en sí misma. De alguna manera, lo que hacen en diversas religiones o creencias es negar la muerte, dando por hecho que vendrá otra vida.

Ante la situación de muerte, la ciencia queda relegada e impedida de dar contenido. Lo investigable es la posición de los sujetos ante la muerte, la que se presenta en el otro. En este caso, la posible muerte en la figura de la UCI.

Hemos abordado, desde Freud, cómo la muerte implica la mayor impotencia del humano y, al ser algo que no se puede pensar, no se puede mencionar. Heidegger asume que en la cotidianeidad la muerte se vive como algo ajeno e incluso ello hace que el ser humano tenga un modo de vida enajenado. Pero la situación de enfermarse puede recordar que la vida no es algo eterno; solo es una posibilidad. Estar en una UCI pudiera ser inevitable para cualquiera y con ello recordar dicha fragilidad.

Sin embargo, dado que el ingreso a la UCI no necesariamente produce esa situación, se tuvo que indagar a fondo. Sucede que, cuando una persona es sometida a operaciones de alto riesgo, la UCI es anunciada como un recurso de soporte; asimismo, la familia y el paciente se pueden organizar para su operación quirúrgica, como en los casos de los pacientes que firmaron su ingreso de manera conciente y voluntaria, pues supieron de antemano cuántas horas iban a permanecer en ella y las posibles consecuencias.

Sin embargo, habrá que ubicar cada caso, pues es altamente probable que aun en situaciones menos inesperadas, se presente el fenómeno de la angustia. Ante lo cual, ponemos en evidencia que la modificación de la angustia es la posibilidad, real o no, de salir con vida de la UCI.

Por ello se pensó en un primer momento en delimitar más el objeto de estudio. Ya no era solo el ingreso a la UCI, sino cuando este se genera de manera súbita. Cuando no se tiene una enfermedad de suma gravedad ni factores que puedan alertar sobre su ingreso.

Se sabe por las aportaciones psicoanalíticas que uno de los desencadenantes de la angustia es la hiperestimulación. De tal manera que, cuando un sujeto es ingresado a la UCI sin haber estado en previa alerta, se tienen que tomar muchas decisiones que escapan a toda la familia involucrada. De entrada, la alerta donde se presente la situación que, en los casos evidenciados, por ejemplo, los chicos que atendieron a su mamá al estar en Cuernavaca jugando, hasta llegar al hospital y encontrarse de manera gradual y violenta de la gravedad de su madre; en dicho proceso empezaron a tomar decisiones básicas torpes o las fueron inhibiendo, desde ir por cosas a su casa, hasta no poder resolver las necesidades más fundamentales como dormir o comer. En mi estancia en el hospital los golpes desesperados, fuertes y constantes a la puerta de cristal por parte de los familiares que llegaban, y la ausencia de ingesta de alimentos era lo que prevalecía.

Dichas conductas ponen en evidencia que lo que se ha disparado en cada uno de ellos es la angustia de muerte.

Dependiendo del tiempo que se esté en dichas unidades, la hiperestimulación se va incrementando por diversas razones; las demandas del hospital, sea público o privado, aumentan o se prolongan, de entrada porque los horarios de espera y vigilancia, al ser de 24 x 24 horas, ocasionan que el cuerpo esté en constante sentido de alarma y urgencia, por lo que se va deteriorando. Las facultades cognitivas se ven entorpecidas por la necesidad de tener que cubrir las demandas superyóicas del hospital y, al mismo tiempo, por la tendencia de la psique a procurar la vida.

La teoría psicoanalítica supone que muchas de las acciones que se activan de manera inconsciente suelen ser por autoprotección, pese a que sean disfuncionales socialmente. Y este fenómeno se presenta tanto en los médicos como en el familiar.

El familiar entra, como lo desarrolla Klein M., en una fase regresiva oral o sádico-oral, que exige por un lado ser alimentado y nutrido por el médico, que le brinde la información necesaria para calmar su angustia (pecho bueno) y al no ser satisfecho (pecho malo), tiene también la necesidad de agredirlo y acabarlo.

Habrá que enfatizar que en los espacios de la UCI son solo adultos los familiares que pueden estar al pendiente de los pacientes, pero aun cuando se estén haciendo cargo personas mayores, como el caso de los chicos que presumiblemente no pasaban de los 20 años o la hija de Susana, que tenía 16 años, sus facultades cognitivas y motoras estaban ya lo suficientemente desarrolladas para poder decidir y ejecutar en situaciones "comunes" acciones como la ingesta de alimento, dormir o asearse (por mencionar solo algunas); sin embargo, no lo hicieron.

> Un resultado similar es producido por las frustraciones excesivas en un determinado nivel. Se tiene, en esto, la impresión de que en los niveles de desarrollo que no ofrecen suficiente satisfacción, el organismo se niega a seguir adelante, reclamando las

> satisfacciones que le son negadas. (Fenichel, 1994. p. 86).

Dicho fenómeno resulta totalmente inadecuado para las demandas que requiere la UCI.

Los médicos, por su parte, no pueden respetar dicha situación y esperar pacientemente a que el familiar resuelva su conflicto psíquico; aquel debe exigir constantemente que se respeten las reglas de la UCI, no solo por la petición de diversos materiales quirúrgicos, médicos o de higiene personal, sino porque el familiar debe estar al pendiente de recibir los informes médicos en tiempo y forma, o bien, conforme las urgencias lo vayan solicitando. La hiperestimulación no cede. La muerte acecha.

La primera labor que pudiera hacer un psicoanalista en estos casos sería la de recibir esa hiperestimulación y lograr que se baje a niveles más adecuados, es decir, lo suficiente para hacer operable la situación.

Por ejemplo, cuando yo aún sin saber lo que estaba sucediendo, me puse en contacto con los familiares, asegurándoles que les iba a avisar si algo pasaba, sus estímulos se redujeron permitiéndoles ir a comer algo. O bien, cuando llegaban y les informaba que el hecho de que no saliera nadie a avisarles nada, era una mejor noticia que el que salieran en horarios extras —pues esto último implicaba que su familiar estaba peor—, entonces dejaban de tocar la puerta, se sentaban y empezaban a comunicarse con sus familiares o amigos del exterior para organizarse.

En todos los relatos se puso en evidencia una relación aparentemente violenta entre médico y familiar. En algunos relatos, como en el de Érika, aun cuando al inicio mencionó que no fue violentada, después menciona que se le gritó: ¡ENTIENDA QUE VA A MORIR SU ESPOSO! Y llorando evidenció que sí se sintió violentada.

En mi caso, cuando tuve que decidir sobre la operación de alto riesgo de mi padre y me negaba a llamarle a mi mamá, la reacción de la médica fue en exceso violenta.

Después de toda la investigación realizada, quedó en evidencia que tanto el médico como el familiar, más allá de su rango profesional y su situación concreta dentro de esta situación tan delicada —como es tener la vida de alguien a expensas de la situación e intervención de una UCI—, atraviesan esa Angustia de Muerte; donde los familiares esperan recibir una tranquilidad que el médico no puede transmitir, una parte por la ausencia de conocimiento científico, falla necesariamente de la ciencia misma, no del médico; otra porque finalmente su capacidad de racionalizar se llega a fragmentar ante la angustia inconsciente del familiar y este tenderá a protegerse inconscientemente, sin por ello dejar de lado su compromiso social, y dejará en evidencia su fractura narcisista.

> … Los problemas emocionales se relacionan con el hecho de que el individuo humano es un animal político y no puede realizarse plenamente fuera de un grupo, ni puede satisfacer sus impulsos emocionales sin expresar su componente social. Sus impulsos, y me refiero a todos los impulsos, no tan sólo a los sexuales, son al mismo tiempo narcisísticos. El problema reside en la resolución del conflicto entre el narcisismo y el socialismo. (Bion, 1977. p. 162)

Ante esta situación, es evidente que la solución no puede ser únicamente tratar de calmar al familiar, como suele hacerlo el médico, ni puede el médico actuar de manera aislada con el cuerpo orgánico que está internado e intervenido por los aparatos quirúrgicos y de soporte implicados en la UCI. El familiar podría ser apoyado por una instancia de soporte —como puede ser la postura psicoanalítica— donde pueda sortear la información que es enviada como un "ataque", un estímulo incapaz de ser traducido e incorporado por el sujeto, para así poder ejecutar las decisiones necesarias y, a su vez, permitir el quehacer adecuado de las instituciones hospitalarias.

O bien, en algún futuro podría servir de apoyo a los médicos para poder comprenderse a sí mismos y también a los familiares, quienes se encuentran comprometidos de manera intensiva, sometiéndolos a dolores reacios, que bien pudieran ser aminorados. Se evitaría así activar la identificación proyectiva, que es justo lo que hace que se viva la relación médico-paciente como un ataque violento, donde lo único que hay es la evidencia contundente de que ni la ciencia médica es capaz de enfrentar con serenidad los embates de la finitud de la vida misma.

En el caso del médico tratante de mi padre, su función logró dar ese soporte al traducir la exigencia de la firma de autorización en una *Ilusión de vida*, no una certeza de vida, que es uno de los miedos más grandes de los médicos tratantes, pues saben que pueden ser demandados jurídicamente. Lo primero sucedió al momento en que me dijo: "estás firmando la posibilidad de que tu papá viva".

En este sentido, es importante mencionar la importancia de la esperanza, ilusión, fe o creencia en que puede ser apoyada la fragilidad humana.

> [...] "Lo que caracteriza a la ilusión es que deriva de los deseos del hombre... Llamamos ilusión a una

> creencia cuando la realización del deseo es factor dominante de su motivación, mientras que no tenemos en cuenta su relación con la realidad, exactamente como la ilusión renuncia a ser confirmada por lo real". Esta complicidad entre la realización del deseo y la inverificabilidad constituye la ilusión. (Ricoeur, 1999. p. 202).

Dicha capacidad de la psique favorece que se pueda enfrentar de mejor manera la *Dureza de la Vida*; finalmente cuando se entra en ese proceso regresivo oral, la psique lo que intenta es resguardarse y poder enfrentar la inevitable fragilidad del ser. En otras condiciones, dicha actitud pudiera ser favorable, por ejemplo, si se está enfermo; pero cuando es quien tiene que tomar decisiones, tanto pensarlas como ejecutarlas resulta desfavorecedor e inútil. La posibilidad de generar ilusiones, sea apoyadas en factores internos omnipotentes y narcisistas, o bien, en objetos culturalmente establecidos y aceptados, como es la religión, rosarios, biblias o rezos, afianza la omnipotencia y el narcisismo social; permite retornar a la idea de un ser que nos puede proteger y de tal manera se puede operar de un modo más adecuado.

Las demandas que las instituciones temen por brindar afirmaciones o dar certezas, pudieran disminuirse si la psique encontrara un espacio —sin comprometer la incapacidad de la ciencia humana (la finitud y las certezas totales) — donde apaciguar la angustia misma, sobre todo si está desencadenada por la posibilidad de la muerte. Médicos, enfermeras, personal del hospital mismo y los familiares no están exentos de desencadenarla; finalmente todos son víctimas de la *Dureza de la Vida*. Más aún, cuando se trata de su inevitable finitud.

Si bien los espacios de las UCI no son un espacio para la muerte, sino, como bien lo dijo Néstor, son un espacio que brinda la posibilidad de vida de un ser querido, asimismo podrían verse y vivirse sin perder la Ilusión de que el ser querido podrá sobrevivir.

Bibliografía

Alizalde, A. (1996) *Clínica con la muerte.* Buenos Aires, Argentina: Amorrortu.

Bion, W.R. (1977) *Volviendo a pensar.* Buenos Aires, Argentina: Horme.

Bleichmar, S. (2010). Psicoanálisis Extramuros. Puesta a prueba frente a lo traumático. Buenos Aires, Argentina: Entreideas.

Bleichmar, S. (2014) Las teorías sexuales en psicoanálisis. Qué permanece de ellas en la práctica actual. Buenos Aires, Argentina: Paidós.

Castro, L. Castro, M. y Morales, J. (2016). *Metodología de las Ciencias Sociales. Una introducción Crítica.* Madrid, España: Tecnos.

Celis-Rodríguez, E. y Rubiano, S. (2007) Desarrollo del cuidado intensivo en Latinoamérica. *Studylib.es.* Recuperado de: http://studylib.es/doc/6422225/desarrollo-del-cuidado-intensivo-en-latinoamerica

Chercover, A. (2000) Una psicoanalista en una UTI (Unidad de Cuidados Intensivos). *Archeronta, Revista de Psicoanálisis y Cultura, (N° 11)* Recuperado de: http://www.acheronta.org/acheronta11/uti.htm.

De Albístur, M., *et al.* (2000) La familia del paciente internado en la Unidad de Cuidados Intensivos. *Sindicato Médico del Uruguay, (N°16)*, p. 243-256. Recuperado de: http://www.smu.org.uy/publicaciones/rmu/2000v3/art8.pdf.

De la Garza, E. coord. (2006) *Tratado latinoamericano de Sociología.* CDMX, México: Siglo XXI

INEGI (2004) Clasificación de Instituciones de Salud-Histórica. *Instituto Nacional de Estadística y Geografía.* Recuperado de: http://www.inegi.org.mx/est/contenidos/proyectos/aspectosmetodologicos/clasificadoresycatalogos/doc/clasificacion_de_instituciones_de_salud.pdf.

Fenichel, O. (1994) *Teoría Psicoanalítica de las Neurosis.* Buenos Aires, Argentina: Paidós.

Ferrater, J. (2004) *Diccionario de Filosofía. Tomo I.* Barcelona, España: Ariel.

Freitas, K.; Kimura, M. y São Leão, K. (2007) Necesidades de los familiares de pacientes en unidades de terapia intensiva: análisis comparativo entre hospital público y privado. *Scientific Electronic Library Online, (Vol. 15. N°1)* Recuperado de: http://www.scielo.br/scielo.php?pid=S0104-11692007000100013&script=sci_arttext&tlng=es.

Freud, S. (1996). Obras completas. Tomo XIV: *Pulsiones y destino de pulsión.* Buenos Aires: Argentina: Amorrortu

Freud, S. (1996). Obras completas. Tomo XIV: *Introducción al narcisismo.* Buenos Aires: Argentina: Amorrortu

Freud, S. (1996). Obras completas. Tomo XIV: *De guerra y muerte. Temas de actualidad.* Buenos Aires: Argentina: Amorrortu

Freud, S. (1996). Obras completas. Tomo XVII: *Lo ominoso.* Buenos Aires: Argentina: Amorrortu

Freud, S. (1996) Obras Completas. *Tomo XVIII: Más allá del principio del pacer.* Argentina; Buenos Aires: Amorrortu.

Freud, S. (1996) Obras Completas. *Tomo XVIII: psicología de las masas y análisis del yo.* Argentina; Buenos Aires: Amorrortu.

Freud, S. (1996) Obras Completas. *Tomo XIX: El yo y el ello.* Argentina. Buenos Aires: Amorrortu.

Freud, (1996) Obras Completas. *Tomo XX: Inhibición, síntoma y angustia.* Argentina; Buenos Aires: Amorrortu

Freud, (1996) Obras Completas. *Tomo XXI: El porvenir de una ilusión.* Argentina; Buenos Aires: Amorrortu

Galvaez, M. *et al.* (2011) El final de la vida en la Unidad de Cuidados Intensivos desde la perspectiva enfermera: un estudio fenomenológico. *Elservier. (Vol. 22. N° 1)* Recuperado de: http://www.elsevier.es/es-revista-enfermeria-intensiva-142-articulo-el-final-vida-unidad-cuidados-S1130239910001124

García, M. (2002) *El cuento que se cuenta cada quien frente a la angustia de muerte.* (Tesis de Licenciatura). Universidad del Claustro de Sor Juana, D.F. México.

Gherardi; C. (Agosto, 2007). *"Nos vamos a llenar de enfermos en estado vegetativo". Página 12.* Recuperado de: https://www.pagina12.com.ar/diario/dialogos/21-89979-2007-08-20.html

Granel, Grimaldi, Kaplan, Lumermann y Scholossberg. (1976). *Introducción a las ideas de Bion.* Buenos Aires, Argentina: Nueva Visión.

Green, A. (2014) *El pensamiento clínico.* Buenos Aires, Argentina: Amorrortu.

Hernández, A. (2012) Revisión sobre bioética en la Unidad de Cuidados Intensivos: sobre la autonomía y el papel de los familiares y los representantes legales. *Medicina Intensiva (Vol. 38, N°2)* Recuperado de: http://www.medintensiva.org/es/revision-sobre-bioetica-unidad-cuidados/articulo/S0210569113001071/

Heidegger, M. (1997). *El ser y el tiempo.* D.F., México: Fondo de Cultura Económica.

Heidegger, M. (2013). *Seminarios de Zollikon.* D.F., Mexico: Herder.

IPN (2013) *Plan de Estudios, Mapa del Programa de Trabajo Social.* D.F., México: Instituto Politécnico Nacional. Recuperado de: http://www.cicsma.ipn.mx/carreras/Documents/MAPA_TRABAJOSOCIALF.pdf

Jones, E. (2003) *Vida y obra de Sigmund Freud.* Barcelona, España: Anagrama.

Kübler-Ross, E. (1992) *Los niños y la muerte.* Recuperado de:

https://clea.edu.mx/biblioteca/Kubler%20Ros%20Elisabeth%20-%20Los%20Ninos%20Y%20La%20Muerte.pdf

Kierkegaard, S. (2013) *El concepto de la angustia.* Madrid, España: Alianza.

Laplanche, J. (2011) *Vida y muerte en psicoanálisis.* Buenos Aires, Argentina: Amorrortu.

Laplanche, J. y Pontalis, J. (2008) *Diccionario de Psicoanálisis.* D.F., México: Paidós.

Llamas, F., et al. (2009) Necesidades de los familiares en una Unidad de Cuidados Críticos. *Elsevier.* (Vol. 20, N° 2). Recuperado de: http://www.elsevier.es/es-revista-enfermeria-intensiva-142-articulo-necesidades-los-familiares-una-unidad-cuidados-criticos-13138296

Márquez, O. (2008) Bioética y pena de muerte: una reflexión psicoanalítica y ética. (Tesis de doctorado). Facultad de Medicina, Universidad Nacional Autónoma de México. D.F., México

Miller, J. (2013) *La angustia lacaniana.* Buenos Aires, Argentina: Paidós.

Pallarés, A. (2003): *El mundo de las Unidades de Cuidados Intensivos, la última frontera.* (Tesis de Doctorado). Universidad Rovira, Facultad de letras. Recuperado de: http://www.tdx.cat/bitstream/handle/10803/8436/Pallares.pdf

Pérez, G. (2010) Sujeto y dolor: introducción a una filosofía de la medicina. Buenos Aires, Argentina: *Scientific Electronic Library*. (Vol. 108. N°. 5). Recuperado de: http://www.scielo.org.ar/scielo.php?script=sci_ttext&pid=S0325-00752010000500009

Poniatowska, E. (1988) *Nada, nadie. Las voces del temblor*. D.F., México: Era.

Quijano, F. y Quijano, F. (1991) Historia de las Unidades de Cuidados Intensivos. Dos antecedentes mexicanos. *Gaceta Médica de México*. (Vol. 127. N°. 4). Recuperado de: http://www.anmm.org.mx/bgmm/1864_2007/1991-127-4-381-384.pdf

Ricoeur, P. (1999) Freud: Una interpretación de la cultura. D.F., México: Siglo XXI

Riojas, R. (1999). *Modelo psicoterapéutico de corte psicoanalítico para el manejo de la angustia generada ante el proceso del morir*. (Tesis de Doctorado). Facultad de Psicología. Universidad Intercontinental. D.F., México.

Roudinesco, É. y Plon, M. (2011) *Diccionario de Psicoanálisis*. Buenos Aires, Argentina: Paidós.

Sánchez, A., Sánchez, A. y Bello, M. (2003). Aspectos éticos de los cuidados intensivos. *Revista Cubana de Medicina Intensiva y Emergencia*. (Vol. 2, N°4). Recuperado de: http://bvs.sld.cu/revistas/mie/vol2_4_03/mie15403.pdf

Santana, L. *et al.* (2007) Necesidades de los familiares de pacientes de Cuidados Intensivos: percepción de los familiares y del profesional. *Scientific Electronic Library Online*. (Vol. 31. N°.6). Recuperado de: http://scielo.isciii.es/scielo.php?script=sci_

El cuidado editorial de *Angustia de muerte en Unidades de Cuidados Intensivos. Un abordaje psicoanalítico*, de Sandra Aidé Sánchez Palacios estuvo a cargo de Editores y Viceversa, S.A. de C.V.

www.ingramcontent.com/pod-product-compliance
Ingram Content Group UK Ltd.
Pitfield, Milton Keynes, MK11 3LW, UK
UKHW021936190726
13853UKWH00004B/1483

9 786079 906283